令和六年度入学者選抜学力検査本試験問題

国　語（50分）

国立高等専門学校

（配　点）

1	2	3
33点	38点	29点

（注意事項）

1　問題冊子は指示があるまで開かないこと。
2　問題冊子は一ページから十九ページまである。検査開始の合図のあとで確かめること。
3　検査中に問題冊子の印刷不鮮明、ページの落丁・乱丁及び解答用紙の汚れ等に気づいた場合は、静かに手を高く挙げて監督者に知らせること。
4　解答用紙に氏名と受験番号を記入し、受験番号と一致したマーク部分を塗りつぶすこと。
5　解答には、必ず**HBの黒鉛筆**を使用すること。なお、解答用紙に必要事項が正しく記入されていない場合、または解答用紙に記載してある「マーク部分塗りつぶしの見本」のとおりにマーク部分が塗りつぶされていない場合は、解答が無効になることがある。
6　一つの解答欄に対して複数のマーク部分を塗りつぶしている場合、または指定された解答欄以外のマーク部分を塗りつぶしている場合は、有効な解答にはならない。
7　解答を訂正するときは、きれいに消して、消しくずを残さないこと。

1

次の文章を読んで、後の問いに答えよ。

俳句は和歌に比べて、現実に重みを置く。現実とは、生きていくこと。働き、食べて、次代へ命をつなぐ営みだ。ところが、俳句そのものは、現実に寄与しない。(1)一片のパンによっても腹はふくれるが、一つの句では何も救えない。この矛盾の中に生きるのが俳人だ。俳人といえば、飄々《ひょうひょう》として霞を食《く》らいながら茅屋《ぼうおく》(注1)で句をしたためているイメージがあるが、その茅屋に至るまでにはさまざまな現実との確執がある。そして、茅屋に座してもなお、心中の確執は続いている。

つらつら年月の移り来し拙《つたな》き身の科《とが》を思ふに、ある時は仕官懸命の地をうらやみ、一たびは仏籬《ぶつり》祖室《そしつ》の扉《とぼそ》に入らむとせしも、たどりなき風雲に身をせめ、花鳥に情を労して、しばらく生涯のはかりごととさへなれば、つひに無能無才にしてこの一筋につながる。

（「幻住庵記《げんじゅうあんのき》」）

（つくづく、今までの愚かな自分の過ちを振り返ってみると、ある時は主君に仕え領地を得る身分をうらやましく思い、また一度は仏門に入り僧侶になろうかともしてみたけれど、行き先を定めない旅の風雲に我が身を苦しめ、花鳥風月を愛《め》でることに心を費やして、ひとまずそれが自分の生活するための仕事にまでなったので、無能無才の身でただこの俳諧という一筋の道につながれることとなった。）

芭蕉(注2)が大津の小庵「幻住庵」でしたためた一文である。若き頃には、武家に仕官して働こうとしたり、仏道修行をしようと心づいたりしたこともあった。それもかなわないで、A (2)「夏炉冬扇《かろとうせん》」（「許六離別《きょりくりべつ》の詞《ことば》」）のごとき俳諧に一生をかけることになったというのだ。

俳人とは高みの見物をきめこむ者、あるいは、みずからは①安全ケンにいて世の中を斜めに見る者の総称というわけではないa ことが、この言葉からわかるだろう。

「幻住庵記」の末尾に、次の一句が掲げられている。

まづ頼む椎《しい》の木もあり夏木立《なつこだち》　芭蕉

頼るべきものといえば、人。そして、金。そのどちらも自分は持つことができなかった。そのかわりとして、夏木立の中の、ふとぶととした椎の木がある。

たとえば、別荘を買って、近くの木が気に入り、朝夕の眺めを楽しみ、ハンモックを吊《つ》ってみる……。そうした感覚ではないのだ。頼むものとして、樹木をまず挙げることになるという境遇は、現代人には理解しがたいものになっている。

では、そうした身の上に対する自虐なのかといえば、そう単純ではない。たとえばこの句の「夏木立」がもっと頼りないb もの——草花であったり、冬の枯れ木であったりすれば、これは「無能無才」を羞《は》じている句であるというだけだ。あおあおと葉を茂らせ、どくどくと大地から養分を吸い上げている、夏の椎の木を知己(注3)としているということは、(3)俗塵《ぞくじん》(注4)を遠ざけたみずからの境遇を驕《おご》る気配さえある。

「椎の木」には、(注5)屹立《きつりつ》する十七音の文芸が託されているとみるのは、深読みにすぎるだろうか。

『おくのほそ道』（元禄《げんろく》十五年〔一七〇二〕刊）の冒頭部が、(注6)李白《りはく》の「夫《そ》れ天地は万物の逆旅《げきりょ》にして、光陰は百代《はくたい》の過客《かかく》なり。而《しこう》して浮生《ふせい》は夢のごとし、歓を為《な》すこと幾何《いくばく》ぞ」（「春夜宴桃李園序《しゅんやとうりえんにえんするのじょ》」）を意識していることは、あきらかである。

月日は百代の過客にして、行《ゆき》かふ年も又旅人也《なり》。舟の上に生涯をうかべ、馬の口とらへて老《おい》をむかふる物は、日々旅にして旅を栖《すみか》とす。古人も多く旅に死せるあり。

これに先んじて、ある作家が、李白の詩を踏まえた文章を書いている。その名は、(注7)井原西鶴《いはらさいかく》。

されば天地は万物の逆旅。光陰は百代の過客、浮世《ふせい》は夢幻《ゆめまぼろし》といふ。時の間《ま》の煙、死すれば何ぞ、金銀、瓦石《がせき》には劣れり。黄泉《こうせん》の用には立ち難し。然《しか》りといへども、残して子孫の為《ため》とはなりぬ。

（『日本永代蔵《にっぽんえいたいぐら》』貞享《じょうきょう》五年〔一六八八〕刊）

芭蕉と西鶴。ともに李白をパロディしながらも、(4)二人の人生観の相違がよく表れている。

芭蕉は、天地も時間もすべて刻々と変化していく旅人であるというのならば、自分もその中の一部として従おうとする。船頭や馬方に目をやるのは、俳諧の現実主義的な一面を表すとしても、芭蕉の心の中にあるのはあくまで「古人」であり、今昔や貴賤《きせん》を超越して現世を眺めていることがわかる。

西鶴は、すべてが刻々変化するこの世は夢のようであり、いくら金をためても死んでしまえば何の役にも立たないといいながら、子孫のためになるという理由で、それを肯定する。「金銀を溜《た》むべし。是《これ》、二親《ふたおや》の外に命の親なり」（『日本永代蔵』）という言葉を吐く西鶴は、したたかな現実主義者だ。

そもそも、(5)芭蕉の旅そのものが、当時としては異質であった。

交通網の発達した江戸時代には庶民も旅をしやすくなり、多くの人々が五街道を行き来した。なんといっても伊勢への関心は高かったが、それは「伊勢参宮大神宮へもちよつと寄り」という川柳《せんりゅう》に詠《よ》まれているとおり、目的は(注8)物見遊山《ものみゆさん》であり、日々の憂《う》さを晴らして明日への活力を得るためのものだ。

しかし、芭蕉の旅は違った。もちろん、蕉風を伝え、俳諧師としての名声を得、生計の安定を図るためという現実的側面があったことは確かだ。だが、そこには古人の足跡に触れたい、(注9)歌枕の現状を知りたい、みずからの思索を深めたいという、(注10)形而上《けいじじょう》的な理由が大きいのであり、一般の人からみれば「無駄骨」としかいいようのcない旅であった。

芭蕉は忍者であったという説が生まれるのも、この旅が、いかに一般の人に理解されづらいものであったかを、証明しているだろう。諜報《ちょうほう》活動という現実的な目的もなく、なぜあえて②ヘン境の地をめぐる旅に出るのか。説明ができdないのだ。

芭蕉の旅が生んだ『おくのほそ道』という紀行文もまた、板坂耀子《いたさかようこ》によれば「江戸時代の紀行としては異色作である」という（『江戸の紀行文』中公新書、二〇一一年）。それは③観コウガイドでもなければ、個人的な日記でもない。世の真理を、時間を超えて後世の人々にも示そうとした。俳句は、複雑である。(注11)キメラ的である。短さゆえに作りやすく、大衆の詩であることも確かだ。(注12)市井《しせい》に生きる無名の人々の述懐でもある。一方で、④超ゼンと高みから見下ろしての(注13)垂訓でもある。「高く心を悟りて俗に帰るべし」（『三冊子《さんぞうし》』）と語った(6)芭蕉は、この複雑さを受け入れて、苦しみながらも名句を生み出した。複雑さが、俳句という文芸を今に残してきたのだ。

（高柳《たかやなぎ》克弘《かつひろ》『究極の俳句』中央公論新社　による）

（注1）茅屋＝みすぼらしい家。あばら家。
（注2）芭蕉＝江戸時代の俳人で、『おくのほそ道』『幻住庵記』『三冊子』の作者。「蕉風」は芭蕉とその一門の作風をいう。
（注3）知己＝自分のことをよくわかっていてくれる人。
（注4）俗塵＝俗世間のわずらわしい事柄。
（注5）屹立＝高くそびえたっていること。
（注6）李白＝中国の詩人で、『春夜宴桃李園序』の作者。
（注7）井原西鶴＝江戸時代の浮世草子作者、俳人。『日本永代蔵』の作者。
（注8）物見遊山＝気晴らしにあちこち見物すること。
（注9）歌枕＝和歌の題材とされた名所、旧跡。
（注10）形而上的＝形がなく、感覚でその存在を認識できないこと。精神的。
（注11）キメラ的＝同じもののなかに異なるものが同時に存在すること。
（注12）市井＝人が多く住んでいるところ、まち。
（注13）垂訓＝教えを示すこと。教訓を後世の人に残すこと。

問1　本文中の、①安全ケン、②ヘン境、③観コウ、④超ゼン　のカタカナ部分の漢字表記として適当なものを、それぞれ**ア**から**エ**までの中から一つ選べ。

①安全ケン　**ア**　間　**イ**　件　**ウ**　権　**エ**　圏
②ヘン境　**ア**　片　**イ**　辺　**ウ**　変　**エ**　返
③観コウ　**ア**　行　**イ**　港　**ウ**　光　**エ**　好
④超ゼン　**ア**　全　**イ**　然　**ウ**　漸　**エ**　禅

問2　本文中の、Aかなわない　と同じ品詞の「ない」を、本文中の**a**から**d**までの中から一つ選べ。

a　わけではない　**b**　頼りない　**c**　いいようのない　**d**　できない

問3　本文中に、(1)飄々として霞を食らいながら茅屋で句をしたためている　とあるが、どういうことか。その説明として最も適当なものを、次の**ア**から**エ**までの中から一つ選べ。

ア　世間と離れたところに身を置いて、人や金銭にとらわれず質素な生活を送りながら俳句を作り続けている。

イ　人並みの暮らしはどうにか保ちながら、定住することなく旅の中に身を置いて俳句を生み出し続けている。

ウ　俳諧師として高い評価を得ることだけを心の支えとして、日々世間の人に向けて俳句を発信し続けている。

エ　人々の好奇の目にさらされないよう郊外に住み、人間の愚かさを皮肉に眺めながら俳句を詠み続けている。

問4　本文中に、(2)「夏炉冬扇」のごとき俳諧　とあるが、どういうことか。その説明として最も適当なものを、次の**ア**から**エ**までの中から一つ選べ。

ア　火鉢であぶられるような真夏の暑さ、扇であおがれるような真冬の寒さといった極限の環境に着想を得て作られるのが俳諧だということ。

イ　暑い夏に火鉢を取り出し、寒い冬に扇を持ち出すのが時季外れで意味のないことであるように、俳諧も現実では役に立たないということ。

ウ　夏に火鉢を使って暖まり冬に扇を用いて涼むといった、常識に縛られない自由な発想によってこそ俳諧は生み出されるものだということ。

エ　真夏に火鉢で体を熱したり、真冬に扇で体を冷やしたりするように、あえて苦境に身を置いて耐え忍ぶことで俳諧は磨かれるということ。

問5　本文中に、(3)俗塵を遠ざけたみずからの境遇を驕る　とあるが、どういうことか。その説明として最も適当なものを、次の**ア**から**エ**までの中から一つ選べ。

ア　現実生活では役に立たない「無能無才」の自分だが、世俗を離れ自然の中に身を置いたからこそ、地中からたっぷりと養分を吸い上げ葉を茂らせる「椎の木」の生命力に癒されて名句を生み出せたのだと自負している。

イ　世俗の汚れに染まらないために人との関わりを避けねばならず、清貧を保ち続けるために物欲を断たねばならなかった自分の身の上を恨めしく思い、「椎の木」を相手に俳句を詠むことで不満を解消しようとしている。

ウ　これまでは世俗を離れるしかなく人や金に縁がないまま俳句の道を極める日々を過ごしてきたが、そのおかげで「椎の木」の名句が生まれ、この句をきっかけに世俗での名声を得られるのではないかと野心に燃えている。

エ　自分が頼りとしたのは、現実に生活を営むうえで助けとなる人や金ではなく、堂々と立つ「椎の木」の存在であったと示すことを通じて、世俗に染まらず俳句に生涯を捧げた自らを誇らしく思う気持ちを述べている。

問6　本文中に、(4)二人の人生観の相違　とあるが、どういうことか。その説明として最も適当なものを、次の**ア**から**エ**までの中から一つ選べ。

ア　芭蕉は、刻々と変化する時間や空間に身を任せていくことで、自らも「古人」になりきって創作をしていこうと考えたが、西鶴は、変化する時間と空間に流されないよう生きていくために、変わらない価値を持つお金をためようと考えた。

イ　芭蕉は、多くの時代を経てもなくなることのない船頭や馬方などの現実的な職業のなかに人生の意味を見いだしたが、西鶴は、永遠に価値が変化しないお金を子孫に残していくことだけが人生にとって意味のあることだと考えた。

ウ　芭蕉は、刻々と変化する時間と空間のなかで身分や時代を超えて現実の世の中を眺めるのが重要であると考えたが、西鶴は、移ろいゆくはかない世の中であっても、子孫のためになるのでお金をためることには意義があると考えた。

エ　芭蕉は、変化する世の中にあっても価値の変わらない「古人」を理解することこそが自らの人生にとって最も意味のあるものだと考えたが、西鶴は、世の中を不変と捉え、価値が変化しないお金を子孫に残すことに意味があると考えた。

問7　本文中に、(5)芭蕉の旅そのものが、当時としては異質であった。とあるが、どういうことか。その説明として最も適当なものを、次の**ア**から**エ**までの中から一つ選べ。

ア　芭蕉の旅は、名声や収入を得る目的もあったが、それ以上に、かつて和歌に詠まれた場所を訪れ思索を深めるというものであり、娯楽のための旅を基本とする江戸時代の人々には理解しがたいものであった。

イ　芭蕉の旅は、現実的な側面が全くなく、自分だけの俳句の世界を作り出すために思索にふけるという哲学的なものなので、実用的な旅がほとんどであった江戸時代の人々には受け入れられないものであった。

ウ　芭蕉の旅は、名声や金銭を得るのが主要な目的であったが、そのやり方があまりにさりげなく、諜報活動と疑われるほどであったため、のんびり旅を楽しんだ江戸時代の人々には理解されないものであった。

エ　芭蕉の旅は、金銭を得るためという側面もあったが、蕉風を伝え俳諧師としての名声を得ることが主な目的であり、それに向かう真剣さは、旅を娯楽とする江戸時代の人々には受け入れがたいものであった。

問8　本文中に、(6)芭蕉は、この複雑さを受け入れて、苦しみながらも名句を生み出した。とあるが、どういうことか。その説明として最も適当なものを、次の**ア**から**エ**までの中から一つ選べ。

ア　世俗の生活を詠んだ過去の作品を題材としつつ新しい表現を得るという俳句の複雑さを受け入れて、芭蕉は試行錯誤しながら優れた俳句を生み出したということ。

イ　世俗の言葉で詠みつつ皮肉に満ちた態度を示さなくてはならないという俳句の複雑さを受け入れて、芭蕉は自問自答しながら俳句を詠んだということ。

ウ　世俗を超えた視点を持ちつつ世俗の心を詠むものであるという俳句の複雑さを受け入れて、芭蕉は悪戦苦闘しながら優れた俳句を生み出したということ。

エ　世俗の生活を詠むものでありつつ定住する人間には作れないという俳句の複雑さを受け入れて、芭蕉は東奔西走しながら優れた俳句を生み出したということ。

2

次の文章【Ⅰ】は、人工知能（AⅠ）の研究者川村秀憲《かわむらひでのり》と俳人大塚凱《おおつかがい》の対談で、文章【Ⅱ】は、文章【Ⅰ】で触れられている髙柳克弘の『究極の俳句』の本文である。この二つの文章を読んで、後の問いに答えよ。

【Ⅰ】

川村　実際に人間が恋の句をつくるときは、キーワードだけが材料ではありません。恋にまつわることばが入っていなくても、二人の関係性が伝わる句、恋を匂わせる句というのがあります。

大塚　そうですね。例を挙げてみます。

寂しいと言い私を蔦《つた》にせよ　神野紗希《こうのさき》

踊子《おどりこ》の妻が流れて行きにけり　西村麒麟《にしむらきりん》

神野の句は俳句界ではかなり人口に(注1)膾炙《かいしゃ》した句ですが、蔦という異形になり、離れることのないような関係たることを念じる、あるいは情念に近い祈りのような主体の趣《おもむき》があります。

西村の句は、むしろかなり即物的な組み立てです。盆踊りの輪に混じり、遠ざかっていく妻の姿を見送る。湿気を帯びた盆の夜、やがて二人にも訪れる死に別れのイメージを匂わせながら、恋慕《れんぼ》の句としても解釈できます。

川村　その句が、恋の句かそうでないか。現状のAⅠは、キーワードを含むか含まないかで判断することはできます。一方、人間は、恋のキーワードを含まずに、恋を詠むことができ、読者も、それが恋の句だとわかる。

人間ができることなら、(注2)教師データをつくれるはずで、それをもとにAⅠにディープラーニング（深層学習。脳を模したニューラルネットワークを用いた機械学習）をさせることもできます。けれども、それでＡＩの作句精度が上がっていくかというと、たぶん上がらない。課題ははっきりしているし、教師データもつくれる。ディープラーニングでも扱える。けれども、やってみると、精度が上がらない。

ここが人間とＡＩの現時点での大きなちがいです。人間は、俳句なり一文なりを見て、それが比喩的で、抽象度の高い表現によって二人の関係性を伝えていると理解できます。人の心の動き、愛とか恋とかを、経験的に知っているからです。自分の体験もそうだし、例えば、「映画にこの句とよく似たシーンがあった」などの記憶もそうです。それが「背景知識」（注3）です。

(1)夏目漱石《なつめそうせき》が「I love you」を「月がきれいですね」と和訳したという逸話があります。これ、実話ではないともいわれていますが、それはともかくとして、「月がきれいですね」の原文が「I love you」であることを理解するのは、ＡＩにとってきわめて難易度が高い。「月がきれいですね」を告白と受け取るのは、人間にはできてもＡＩには難しいのです。

ＡＩが、ことばそのものの意味だけではなく、ことばの周辺にある意味、言語学でいうコノテーション（言外の意味）を知識として吸収し、理解するという課題は、まだ手つかずです。これだけ発展の著しい人工知能の研究にも、それを解決するための決定打はまだありません。

大塚　恋や愛が物理的なものではない以上、その俳句に恋情が含まれるのか含まれないのかという判断基準は、時代によって変わったりもします。コモンセンス（常識・良識）もそうです。「背景知識」は、人間の行動様式によっても変動します。行動様式は時代とともに変わっていくので、当然のことながら、恋の捉え方も時代によってちがってきます。

髙柳克弘の『究極の俳句』（中公選書、二〇二一年）に、

しら梅や誰《たが》むかしより垣の外　（注4）与謝蕪村《よさぶそん》

という句の解釈をめぐる話が出てきます。

この句、意味としては、「白梅が咲いている。この木はいつだれがその垣の外に植えたのだろう」ということ。もうすこしいえば、そこに住んでいた人、過去にそこに生活していた人の痕跡を見つけて、先人や過去に思いを寄せるということなんですが、後世になって、（注5）萩原朔太郎《はぎわらさくたろう》がその句を読んで、「恋の句」と解釈しているんです。

萩原朔太郎は、〈しら梅や〉で切れると解釈しました。白梅が咲いている。ここで文脈が切れる。〈誰むかしより垣の外〉の部分は、私（作者）が昔、つまり少年期・青年期に、だれかがその垣根越しにいたことを思い出し、今もその人の気配がずっと残っているような気がする、というわけです。〈垣の外〉には、白梅ではなく人がいると読んだ。これだと、恋慕の句、恋情の句、恋を叙情的に詠んだ句ということになります。

蕪村の時代、江戸時代中期を考えれば、あきらかに誤読ですが、朔太郎が生きた近代では、そういう読みもありえないわけではない。一種、魅力的

な解釈ではあります。

　同じ作品でも、読み手によって解釈の幅があって、そこには時代が反映する。その時代その時代のコモンセンスは変わっていくものであるからには、作品の解釈が大きく変わっていくこともある。そのあたりは、文芸、より広くいえば、ことばに特有の問題だろうと思います。

川村　(2)情報のエンコード（符号化）とデコード（復元）という問題に関わってきますね。

　コンピューターで情報を伝えるとき、ミスが起こってはいけません。エンコードされた情報は、元の情報に正しくデコードされます。①、MP3というファイル形式にエンコードされた音楽が、デコードされて私たちの耳に届く。元の音源とちがうものになっては意味がありません。

　(3)音源データのMP3や画像データのJPEGは「不可逆圧縮」といって、元のデータとそっくり同じものには解凍できないのですが、それにしても、おおむね正しく復元されます。人間が耳で聴いたり目で見たりするぶんには、元の音源などと区別がつきません。

　デコードによって同じ情報に戻るということが重要。②、エンコードからデコードという一連の流れに齟齬《そご》(注6)がないことが、情報伝達の条件です。

大塚　とすると朔太郎の読みは、Aデコード時に齟齬が発生したような一例かもしれませんが、さらに広い脈絡で考えると、(4)蕪村の最初の意図と、朔太郎の読みは、恋慕という意味、何かを慕わしく思うという心の(a)機微という点では同等です。恋慕の情は、お互いに共有できているようにも思えます。

　西欧から「愛」の概念が入ってくる以前の蕪村と、それ以後の朔太郎で、意図と読みがくいちがってしまいましたが、異性愛に限定せず、人をしのぶ、人の手触りを感じる、人の息づかいや香りを感じるという点では情報を共有できています。

川村　俳句は、ことばを使って何かを表現します。(5)俳句やことばは「アナログ」的と思われているかもしれませんが、けっしてアナログではありません。デジタルな情報です。「あ」と「い」のあいだは連続でなく不連続。「離散的」と呼ばれる情報です。

　俳句は何度書き写しても、情報として劣化しません。一万回書き写しても、書き損じがなければ同じ情報です。アナログな情報は、昔のレコードや録音テープがわかりやすい例です。テープに音楽をコピーするたびに劣化します。元の情報をそのまま保存できないのがアナログです。

　コンピューターで扱うデジタル情報は、「必ず元に戻る」ということが、情報を正しく伝えることの(b)担保になります。ところが、俳句という情報は、もともとのテクストはデジタルで劣化したり変化したりしなくても、人間が「読む」という部分で、コンピューターで言うところのデコードとはちょっとちがったことが起こっています。

（川村秀憲、大塚凱『AI研究者と俳人　人はなぜ俳句を詠むのか』dZEROによる）

【Ⅱ】

俳句は本当に、門外漢には理解されないのだろうか。

過去に、俳句を知らない人間による俳句のすぐれた読みが、a なかったわけではない。たとえば萩原朔太郎の『郷愁の詩人　与謝蕪村』(注7)は、子規派(注8)によって写生的とされた蕪村像を更新した、画期的な俳論だ。蕪村の句の根幹に「郷愁」「母性思慕」を読み取り、その抒情《じょじょう》性が強調されている。すぐれた鑑賞として評価されるとともに、そこにはいくつもの誤読も指摘されている。たとえば、

しら梅や誰《たが》むかしより垣の外　蕪村（『蕪村句集』）

の句について、朔太郎は、

昔、恋多き少年の日に、白梅の咲く垣根の外で、誰《だ》れかが自分を待っているような感じがした。そして今でもなお、その同じ垣根の外で、昔ながらに自分を待っている恋人があり、誰れかがいるような気がするという意味である。

（『郷愁の詩人　与謝蕪村』岩波文庫、一九八八年）

と解している。

しかしこの句は「この梅の木はいったい誰が、いつの頃に植えたものであろうか」（栗山理一《くりやまりいち》評釈『与謝蕪村集　小林一茶集』筑摩書房、一九六〇年）というように解するのが一般的であり、おそらくは蕪村の意図もこのとおりであっただろう。b この句に恋の主題を認めたのは、朔太郎の誤読であるといえる。

③、ここに恋人の存在を感じ取るのは、けっして無理すじではない。専門家の解釈は c「誰むかしより」とぼかしたことのムードを評価するが、朔太郎の解釈は d 一句に物語性を与え、より親しみやすい句になったともいえる。山下一海《やましたかずみ》が「創造的誤解」（岩波文庫、巻末解説）という言葉で評したように、朔太郎の解釈のほうが専門的な解釈よりその句を豊かにみせている、ともいえるのだ。これを鑑賞の側からではなく、作品の側からいえば、「創造的誤解」を生むような多義性を持った蕪村の句に力があったというべきだろう。

（髙柳克弘『究極の俳句』中央公論新社　による）

（注1）人口に膾炙（する）＝多くの人が口にし、広く知られる。　（注2）教師データ＝AIに学習させるために必要なデータ（情報）。

（注3）背景知識＝ある状況や問題を理解するために必要な情報。　（注4）与謝蕪村＝江戸時代の俳人。

（注5）萩原朔太郎＝大正から昭和にかけて活躍した詩人。　（注6）齟齬＝食い違うこと。　（注7）郷愁＝昔のことを懐かしむ気持ち。

（注8）子規派＝正岡子規を中心とする俳句の一流派。

問1　空欄①、②、③に入る語として適当なものを、それぞれ**ア**から**エ**までの中から選べ。**ただし、同じ記号は二回使わない。**

1 次の各問いに答えなさい。

(1) $-2^2-\frac{5}{3}\div\left(\frac{1}{2}+\frac{1}{3}\right)+(-3)^2$ を計算すると $\boxed{\text{ア}}$ となる。

(2) 2次方程式 $x^2-4x+1=0$ を解くと $x=\boxed{\text{イ}}\pm\sqrt{\boxed{\text{ウ}}}$ となる。

(3) y は x に反比例し，$x=4$ のとき $y=3$ である。この関数において x の変域を $3\leqq x\leqq 6$ とするとき，y の変域は $\boxed{\text{エ}}\leqq y\leqq\boxed{\text{オ}}$ となる。

(4) 2つの関数 $y=ax^2$，$y=2x+3$ について，x の値が2から6まで増加するときの変化の割合が等しいとき，$a=\dfrac{\boxed{\text{カ}}}{\boxed{\text{キ}}}$ である。

(5) 2個のさいころを同時に投げるとき，出る目の数の和が3の倍数になる確率は $\dfrac{\boxed{\text{ク}}}{\boxed{\text{ケ}}}$ である。ただし，2個のさいころはそれぞれ1から6までの目が出るとし，どの目が出ることも同様に確からしいものとする。

(6) 下の図は，あるクラスの１ヶ月の読書時間の記録を箱ひげ図にしたものである。単位は時間である。

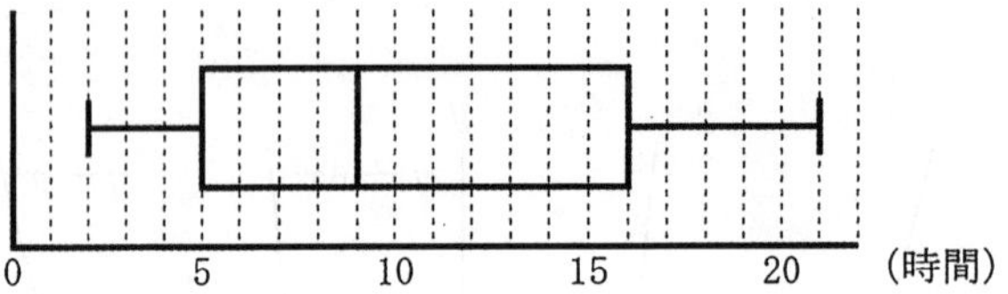

このとき，四分位範囲は [コサ] (時間) である。

(7) 下の図の△ABC において，$\angle A = 36°$ であり，点 D は∠B と∠C の二等分線の交点である。このとき，$\angle x =$ [シスセ]°である。

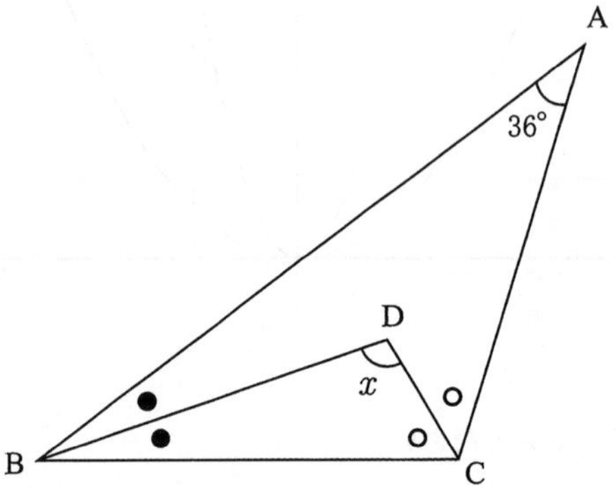

(8) 下の図のように，底面の半径が 2 cm，高さ $4\sqrt{2}$ cm の円錐があり，底面の円周上の 1 点から側面にそって 1 周するように糸をかける。この糸が最も短くなるときの糸の長さは [ソ]$\sqrt{[タ]}$ cm である。

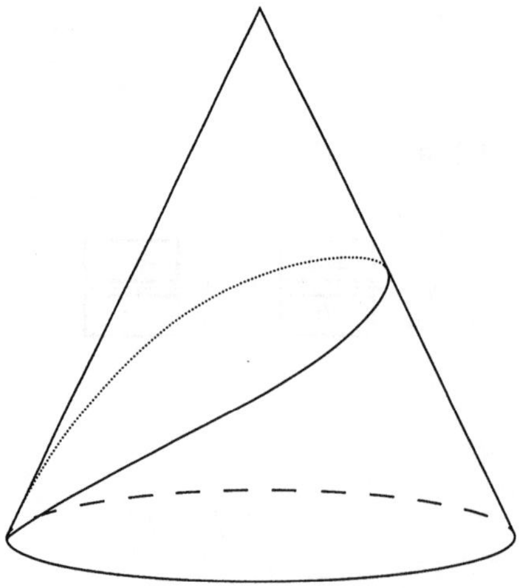

2 t は正の定数とする。図１のように，関数 $y=6x^2$ のグラフ上に点 A $(t,\ 6t^2)$ をとり，関数 $y=x^2$ のグラフ上に点 B $(3t,\ 9t^2)$ をとる。また，y 軸に関して点 B と対称な点を B′ とする。

図１

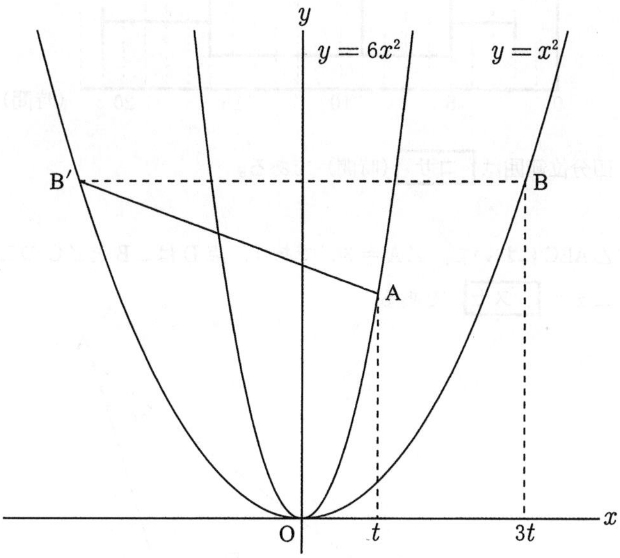

このとき，次の各問いに答えなさい。

(1) $t=2$ のとき，直線 AB′ の傾きは $\dfrac{\boxed{アイ}}{\boxed{ウ}}$ である。

(2) 直線 AB′ の方程式を t を用いて表すと

$$y=\frac{\boxed{エオ}}{\boxed{カ}}tx+\frac{\boxed{キク}}{\boxed{ケ}}t^2$$

である。

(3) 図2のように，y 軸上を動く点Pを考える。線分 AP と線分 BP の長さの和が最小となる点Pの座標が (0, 3) であるとき，$t = \dfrac{\boxed{\text{コ}}}{\boxed{\text{サ}}}$ である。

図2

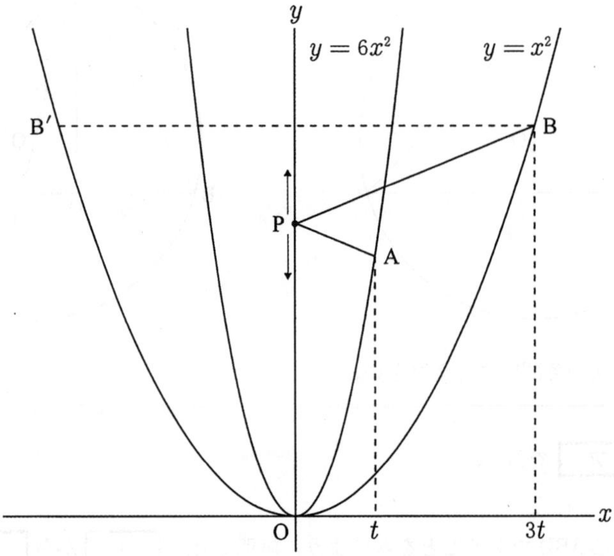

3 図1のように，円Oの円周上に3点A，B，Cがある。△ABCにおいて$AB=\sqrt{13}$，$BC=6$，$CA=5$である。図2は，図1において点Aから辺BCに垂線を引き，BCとの交点をDとしたものである。また，点Aを通る直径AEを引き，2点C，Eを線分で結ぶ。

図1

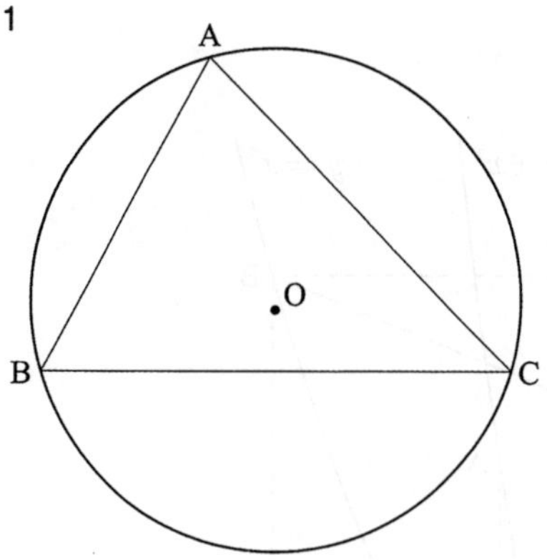

図2

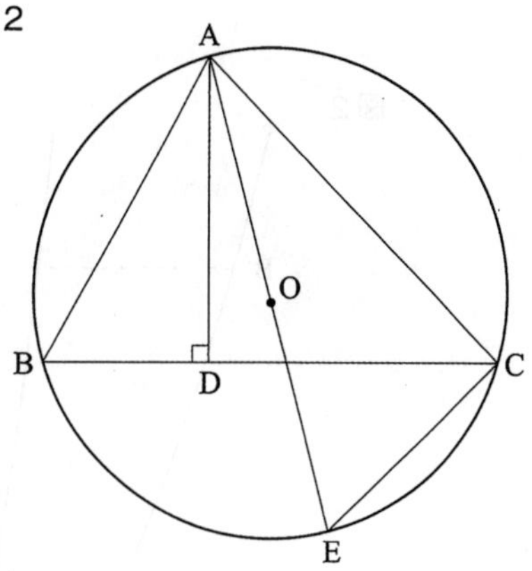

このとき，次の各問いに答えなさい。

(1) AD = **[ア]** である。

(2) △AEC∽△ABDであることを次のように証明した。**[イ]** から **[オ]** に当てはまるものを，下記のⓐからⓚの中から選びなさい。ただし，細字の空欄 [イ]，[オ] には，それぞれ前にある太字の空欄 **[イ]**，**[オ]** と同じものが当てはまる。

【証明】△AECと△ABDにおいて

1つの弧に対する **[イ]** は等しいので，弧ACにおいて

∠AEC = **[ウ]** ････①

仮定より∠ADB = 90°である。また，1つの弧に対する [イ] の大きさは **[エ]** の大きさの$\frac{1}{2}$倍なので，弧AEにおいて **[オ]** = 90°である。よって，

[オ] = ∠ADB････②

①，②より2組の角がそれぞれ等しいので，△AEC∽△ABDである。【証明終わり】

ⓐ 対頂角	ⓑ 円周角	ⓒ 同位角	ⓓ 中心角
ⓔ 錯　角	ⓕ ∠DAB	ⓖ ∠ABD	ⓗ ∠CAD
ⓘ ∠ACE	ⓙ ∠DCA	ⓚ ∠BAC	

令和6年度入学者選抜学力検査本試験問題

英　　語　(50分)

(配　点)	1　10点	2　15点	3　15点	4　24点	5　15点	6　21点

(注意事項)

1　問題冊子は指示があるまで開かないこと。

2　問題冊子は1ページから10ページまである。検査開始の合図のあとで確かめること。

3　検査中に問題冊子の印刷不鮮明，ページの落丁·乱丁及び解答用紙の汚れ等に気づいた場合は，静かに手を高く挙げて監督者に知らせること。

4　解答用紙に氏名と受験番号を記入し，受験番号と一致したマーク部分を塗りつぶすこと。

5　解答には，必ず**HBの黒鉛筆**を使用すること。なお，解答用紙に必要事項が正しく記入されていない場合，または解答用紙に記載してある「マーク部分塗りつぶしの見本」のとおりにマーク部分が塗りつぶされていない場合は，解答が無効になることがある。

6　一つの解答欄に対して複数のマーク部分を塗りつぶしている場合，または指定された解答欄以外のマーク部分を塗りつぶしている場合は，有効な解答にはならない。

7　解答を訂正するときは，きれいに消して，消しくずを残さないこと。

1 次の各組の英文の意味がほぼ同じ内容となるような（ A ）と（ B ）に入るものの最も適した組み合わせを，それぞれア～エの中から一つずつ選びなさい。

1．Ms. Yoneda was born（ A ）February 21.
February 21（ B ）Ms. Yoneda's birthday.

ア (A) in (B) gets　イ (A) on (B) gets　ウ (A) in (B) is　エ (A) on (B) is

2．We are（ A ）to go fishing tomorrow.
We（ B ）to go fishing tomorrow.

ア (A) going (B) plan　イ (A) doing (B) take　ウ (A) playing (B) go　エ (A) taking (B) play

3．John likes（ A ）math and science.
John likes（ B ）math but also science.

ア (A) between (B) not only　イ (A) both (B) not only　ウ (A) between (B) only　エ (A) both (B) only

4．I（ A ）wake up at seven in the morning.
I get up at seven almost（ B ）day.

ア (A) always (B) some　イ (A) never (B) any　ウ (A) usually (B) every　エ (A) sometimes (B) one

5．Ken can carry that heavy box because he is（ A ）strong.
Ken is（ B ）strong that he can carry that heavy box.

ア (A) very (B) so　イ (A) few (B) too　ウ (A) little (B) too　エ (A) many (B) so

2 次の各会話文について，場面や状況を考え，（　　）に入る最も適したものを，それぞれア～エの中から一つずつ選びなさい。

1. A：What sports do you play, Ann?
   B：I play tennis and soccer. I also go jogging twice a month.
   A：Which is your favorite?
   B：(　　　　　) I play it with my father every Sunday.

   ア I sometimes go fishing with my friend.　イ No, I never play soccer.
   ウ I go jogging near my house.　エ I like tennis the best.

2. A：Thanks for dinner, Atsushi. I really like this curry. What kind of meat is in it?
   B：Oh, did you like it? Actually, I didn't use any beef or pork. (　　　　　)
   A：Really? I thought you used meat.

   ア I will pay you some money.　イ The pork is delicious.
   ウ I used beans for the curry.　エ It is expensive beef.

3. A：I will go shopping for Amy's birthday present today.
   B：Oh! I forgot about it! (　　　　　)
   A：Yes. How about this afternoon?
   B：Sure. I'll meet you at two o'clock.

   ア What will you get for her?　イ When is her birthday?
   ウ How will we go?　エ Can I go with you?

4. A：Have you ever been to a foreign country?
   B：No. Actually, I have never been abroad.
   A：I see. (　　　　　)
   B：I'd like to go to Italy.

   ア How many times have you been abroad?　イ What country do you want to visit in the future?
   ウ Where did you go last summer?　エ When did you get back to Japan?

5. A：Did you hear that Mr. Jones will go back to Australia next month?
   B：No, I didn't. Why does he leave so suddenly?
   A：His mother has been sick in hospital. He will take care of her.
   B：I'm sorry to hear that. (　　　　　)

   ア Is there anything we can do for him?　イ I didn't know that he had a sister.
   ウ You are welcome.　エ She's fine, thank you.

3 次の各会話文につき，場面や状況を考え（　　）内の語（句）を最も適した順に並べ替え，（　　）内において3番目と5番目にくるものの記号を選びなさい。なお，文頭にくるべき語の最初の文字も小文字で書かれています。

1. A：I found a key on my desk. Is this yours?
   B：No, it's not mine.
   A：Then, (ア find イ it ウ key エ let's オ out カ whose) is.
   B：Can you see the letter K on it? It must be Ken's.

2. A：Did you finish your homework?
   B：No. I was very busy, but I'll finish it by tomorrow.
   A：I think it's hard for you to finish it. You need more time.
   B：Oh, really? Please help me (ア are イ homework ウ if エ the オ with カ you) free tonight!

3. A：Have you seen the price of meat at the supermarket? I can't believe it.
   B：Yes, I know. Meat prices (ア been イ for ウ have エ increasing オ more カ than) a year.
   A：Oh, no. I hope it will end very soon.

4. A：Have you been to the new restaurant that opened last week? It has a lot of vegetable dishes.
   B：No, not yet. It (ア the イ I ウ is エ place オ that カ want to) visit the most.
   A：You should. I've already been there twice. You'll love it.

5. A：Why will you go to the U.K. during your spring vacation?
   B：(ア for イ going ウ is エ my オ reason カ there) to improve my English skills.
   A：You can do it!

4 スマートフォンなどで読み取って使用するＱＲコード（QR code）について書かれた次の英文を読み，後の問題に答えなさい。

QR codes are special barcodes that can hold ア different types of (　1　) such as websites. QR codes were created in 1994 because traditional barcodes were not good enough. Traditional barcodes can only hold 20 characters and they can only be scanned from one direction. But QR codes can hold イ more characters and can also be scanned from (　2　) direction. They are more useful because they can be scanned faster. They were first used by companies in the automotive industry when they were making cars. After that, QR codes became ウ popular in advertising, and companies (　3　) to use them on billboards and in magazines as a way to connect with customers and guide them to their website.

At first, many people didn't know QR codes or how to use them. Also, scanners were not very good at that time, so it was エ difficult to scan the codes. (　4　) then, QR codes have improved in many ways, and now it is very (　5　) to scan them by using a smartphone. QR codes are now used in various ways. They are often used for mobile payment services. A customer just scans the code in the shop to (　6　) for goods and services.

QR codes started in the automotive industry but now we use them for things such as tickets and mobile payments. They have become an オ important part of our daily lives. They will probably continue to change in the future, and we will use them in カ various new ways.

（注）barcode バーコード　enough 十分に　character 文字　scan スキャンする
automotive industry 自動車産業　advertising 広告　billboard 看板
scanner 読取器，スキャナー
mobile payment service モバイル決済サービス（スマートフォン等のモバイル機器による支払い）

問１　本文中の（１）～（６）に入る最も適したものを，ア～エの中から一つずつ選びなさい。

（１）	ア　books	イ　computers	ウ　goods	エ　information
（２）	ア　any	イ　one	ウ　no	エ　little
（３）	ア　ended	イ　found	ウ　started	エ　watched
（４）	ア　During	イ　Since	ウ　Through	エ　While
（５）	ア　difficult	イ　easy	ウ　poor	エ　slow
（６）	ア　get	イ　make	ウ　pay	エ　take

問２　次の（１）と（２）と同じような意味で使われている語を本文中の下線部ア～カからそれぞれ一つずつ選びなさい。

（１）　not easy to do or to understand

（２）　valuable, useful or necessary

5 次のＡとＢの英文を読み，各設問に答えなさい。なお，計算等は，それぞれの問題のページの余白で行うこと。

Ａ　次の英文は，OECD（経済協力開発機構）が2021年に調査した国民一人当たりの年間平均労働時間（average annual working hours per person）の国別ランキングについて述べたものです。英文と表を読み，後の問題に答えなさい。

Many people often say that Japanese people work much longer than the people in other countries. However, according to the results of a survey in 2021, the situation has changed. The survey was done in OECD member countries. Table 1 shows the results of the survey.

Mexico had the longest average annual working hours among OECD member countries. In Asian countries, South Korea had the longest working hours. Working hours in Japan were about 84 percent of the working hours in South Korea. The U.S.A. was ranked higher than New Zealand. People in Canada worked about 100 hours shorter than people in the U.S.A., and Italy was ranked below them. The shortest annual working hours were in Germany. The average annual working hours among OECD countries were between the values of Australia and New Zealand. In Table 1, we can see that the average annual working hours in Japan were lower than those of the world average.

Table 1

Average Annual Working Hours in 2021	
Countries	Working Hours
Mexico	2, 128
South Korea	1, 915
(　A　)	1, 791
New Zealand	1, 730
Australia	1, 694
(　B　)	1, 685
(　C　)	1, 669
Japan	(　D　)
Germany	1, 349

（注）table 表　　Mexico メキシコ　　South Korea 韓国
be ranked 位置を占める　　below ～　～の下に　　value 値

令和6年度入学者選抜学力検査本試験問題

理　　科

(50分)

(配　点)				
	1　19点	2　15点	3　16点	4　16点
	5　16点	6　18点		

(注 意 事 項)

1　問題冊子は指示があるまで開かないこと。

2　問題冊子は1ページから22ページまである。検査開始の合図のあとで確かめること。

3　検査中に問題冊子の印刷不鮮明，ページの落丁･乱丁及び解答用紙の汚れ等に気づいた場合は，静かに手を高く挙げて監督者に知らせること。

4　解答用紙に氏名と受験番号を記入し，受験番号と一致したマーク部分を塗りつぶすこと。

5　解答には，必ずＨＢの**黒鉛筆**を使用すること。なお，解答用紙に必要事項が正しく記入されていない場合，または解答用紙に記載してある「マーク部分塗りつぶしの見本」のとおりにマーク部分が塗りつぶされていない場合は，解答が無効になることがある。

6　一つの解答欄に対して複数のマーク部分を塗りつぶしている場合，または指定された解答欄以外のマーク部分を塗りつぶしている場合は，有効な解答にはならない。

7　解答を訂正するときは，きれいに消して，消しくずを残さないこと。

8　定規，コンパス，ものさし，分度器及び計算機は用いないこと。

9　問題の文中の アイ ， ウ などには，特に指示がないかぎり，数字（0～9）が入り，ア，イ，ウの一つ一つは，これらのいずれか一つに対応する。それらを解答用紙のア，イ，ウで示された解答欄に，マーク部分を塗りつぶして解答すること。

10　解答は指定された形で解答すること。例えば，解答が0.415となったとき， エ ． オカ ならば，小数第3位を四捨五入して0.42として解答すること。

11　「正しいものを三つ選べ」など，一つの問題で複数の解答を求められる場合は，一つの解答欄につき選択肢を一つだけ塗りつぶすこと。

例　「ウ」，「オ」，「ケ」を塗りつぶす場合

問1	㋐	㋑	●	㋓	㋔	㋕	㋖	㋗	㋘	㋙
	㋐	㋑	㋒	㋓	●	㋕	㋖	㋗	㋘	㋙
	㋐	㋑	㋒	㋓	㋔	㋕	㋖	㋗	●	㋙

この場合，「ウ」，「オ」，「ケ」の順番は関係ない。

(このページは余白です。)

1 以下の問1から問8に答えよ。

問1　**図1**は，ある地点での天気の様子を表した天気記号である。この天気記号が示す天気，風向，風力の組み合わせとして最も適当なものはどれか。下のアからクの中から選べ。

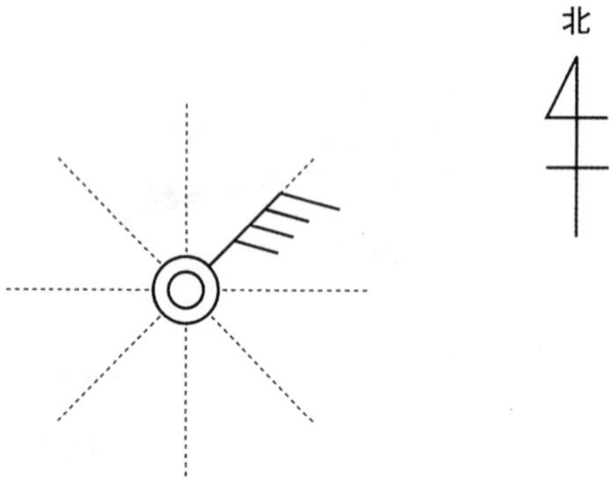

図1

	天気	風向	風力
ア	晴れ	北東	3
イ	晴れ	北東	4
ウ	晴れ	南西	3
エ	晴れ	南西	4
オ	くもり	北東	3
カ	くもり	北東	4
キ	くもり	南西	3
ク	くもり	南西	4

問2　マグマが冷えて固まったことによってできた以下の四つの岩石のうち，深成岩はどれか。以下のアからエの中から二つ選べ。

ア　玄武岩　　イ　はんれい岩　　ウ　せん緑岩　　エ　安山岩

問3　A地点からB地点まで 20 km の距離がある。往路は時速 8 km で移動し，すぐに折り返して復路は時速 4 km で移動した。往復の平均の速さはいくらか。

時速 ［ア］.［イ］ km

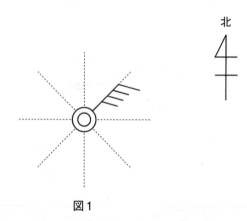

問４　図２のようになめらかな斜面に台車を置き，そっと手を離して台車が斜面を下る様子を記録タイマーで記録した。図３はこのとき得られた記録テープである。図２より斜面の角度を大きくして同様の実験を行ったときに得られる記録テープはどれか。次のアからオの中から最も適当なものを選べ。ただし，選択肢には，台車に記録テープをつけたままの状態で示してある。また，図３のテープの長さと選択肢のテープの長さは同じである。

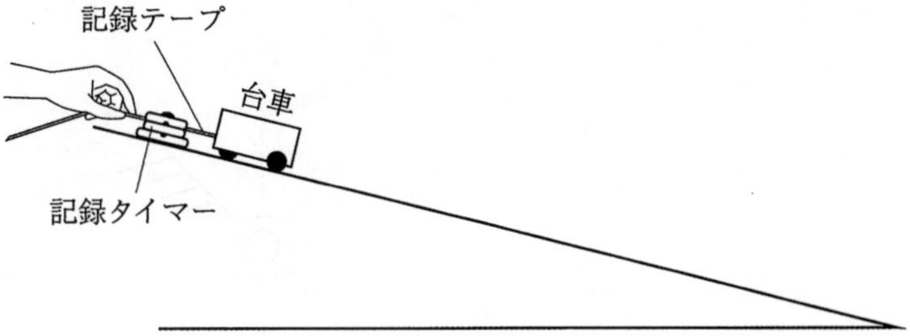

図２

図３

ア
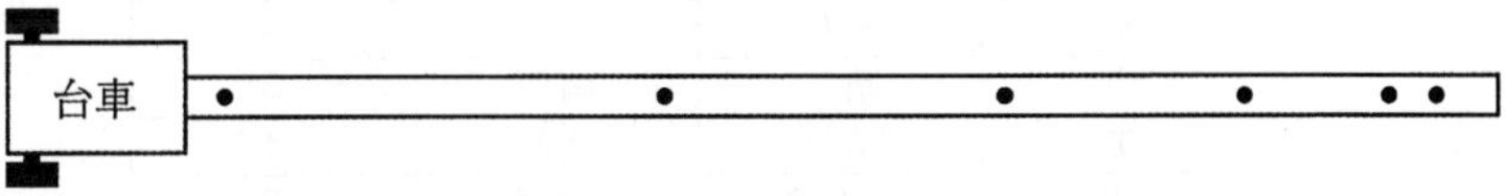

イ
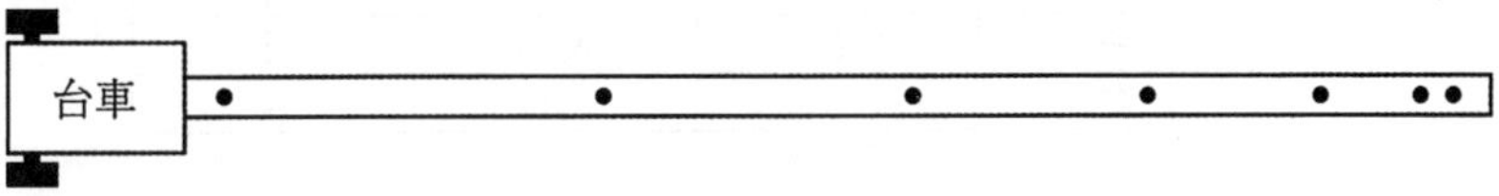

ウ
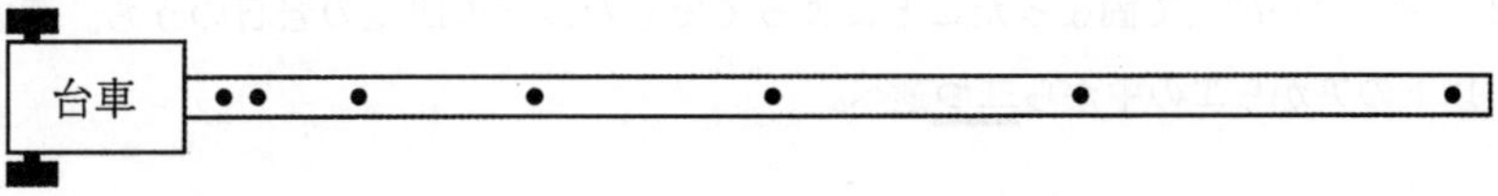

エ
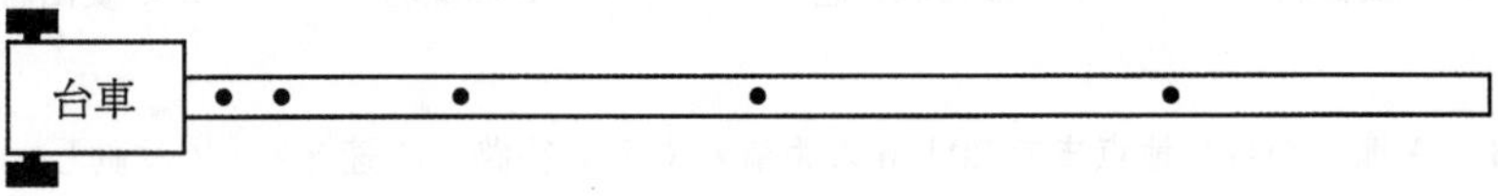

オ
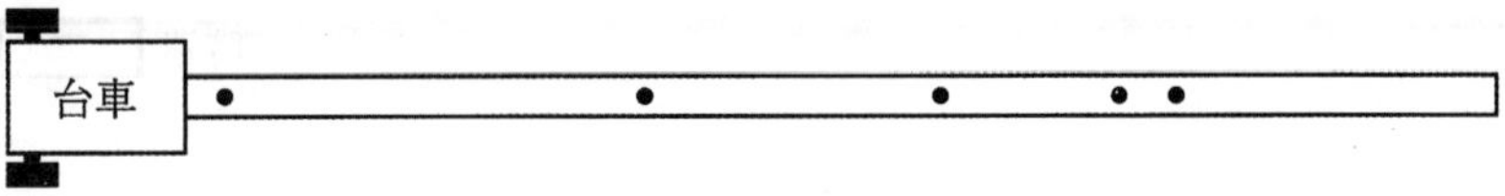

問５　図４はある植物の葉の細胞を模式的に示したものである。動物の細胞と比べたとき，植物の細胞に特徴的なつくりを図４のアからカの中から三つ選べ。

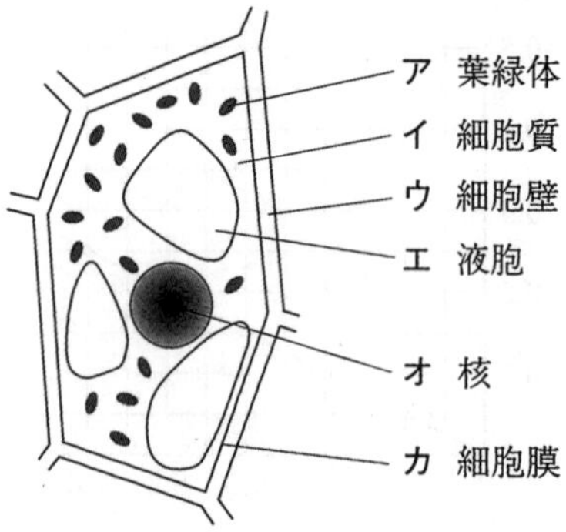

図４

問６　図５はゼニゴケのスケッチである。ゼニゴケについて説明したものとして適当なものを以下のアからカの中から二つ選べ。

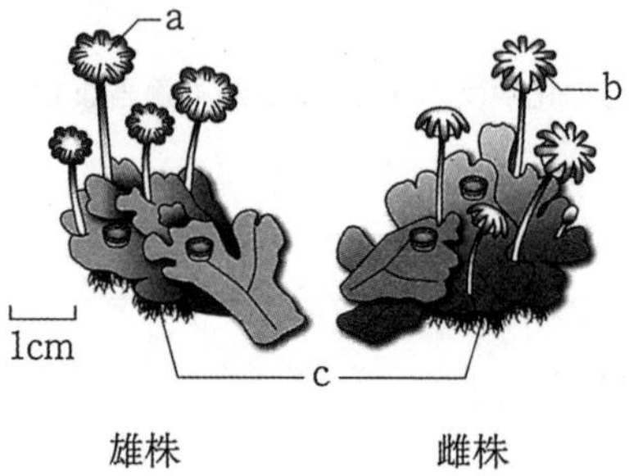

図５

ア　a の部分に種子ができて，仲間をふやす
イ　a の部分に胞子ができて，仲間をふやす
ウ　b の部分に種子ができて，仲間をふやす
エ　b の部分に胞子ができて，仲間をふやす
オ　c の部分は地下茎といい，主に水分を吸収する
カ　c の部分は仮根といい，からだを支える

問7　ステンレス皿に銅粉をのせ，十分に加熱してすべての銅粉を空気中の酸素と反応させた。図6は銅粉の質量と，銅と結びついた酸素の質量の関係を表したものである。以下の1と2に答えよ。

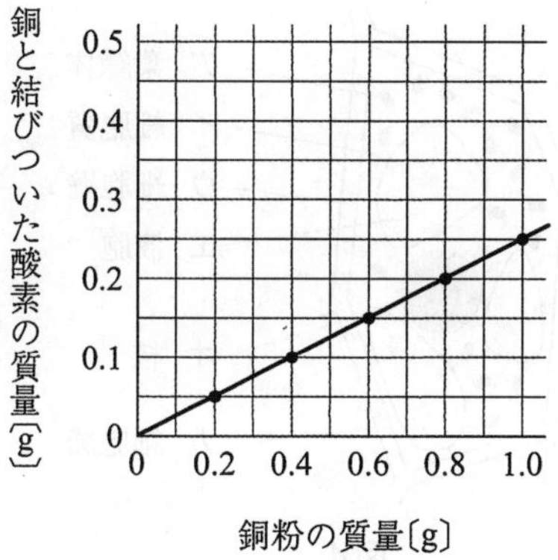

図6

1　銅粉1.6 gをすべて酸素と反応させたときに得られる酸化銅の質量として，最も適当なものを以下のアからカの中から選べ。

ア　0.4 g　　イ　0.8 g　　ウ　1.6 g　　エ　2.0 g　　オ　2.4 g　　カ　3.2 g

2　銅と酸素が結びつく反応の化学反応式として，最も適当なものを以下のアからエの中から選べ。

ア　$Cu + O \rightarrow CuO$

イ　$Cu + O_2 \rightarrow CuO_2$

ウ　$Cu_2 + O \rightarrow Cu_2O$

エ　$2\,Cu + O_2 \rightarrow 2\,CuO$

問8　ビーカーA，B，Cに，ある濃度のうすい塩酸10 cm^3とBTB溶液2滴を入れた。これらのビーカーに，ある濃度の水酸化ナトリウム水溶液を異なる体積でそれぞれ加えてよく混ぜたところ，表のような結果が得られた。水酸化ナトリウム水溶液を加えた後のビーカーCの水溶液中に含まれるイオンのうち，最も数の多いイオンを下のアからエの中から選べ。

表

ビーカー	A	B	C
うすい塩酸〔cm^3〕	10	10	10
水酸化ナトリウム水溶液〔cm^3〕	4	6	8
混ぜた後の水溶液の色	黄色	緑色	青色

ア　水素イオン　　イ　水酸化物イオン　　ウ　ナトリウムイオン　　エ　塩化物イオン

(このページは余白です。)

2 動物は，デンプンなどの炭水化物，タンパク質，脂肪を食物として取り入れ，消化してもっと小さい栄養分にして吸収する。吸収された栄養分や酸素は，全身を循環する血液によって細胞に届けられる。以下の問1から問4に答えよ。

問1 ヒトの場合，食物に含まれるデンプン，タンパク質，脂肪は，それぞれどのような栄養分として小腸から吸収されるか。デンプン，タンパク質，脂肪のそれぞれについて，表の①，②，③にあてはまる最も適当なものを以下のアからキの中から選べ。

表

食物に含まれる物質	小腸から吸収される栄養分
デンプン	①
タンパク質	②
脂肪	③

ア アミノ酸　イ アンモニア　ウ 二酸化炭素　エ ブドウ糖
オ メタン　カ 脂肪酸　キ 酸素

問2 細胞は，届けられた栄養分を用いて細胞呼吸を行う。これについて記した以下の文の（ ① ），（ ② ），（ ③ ）にあてはまる語句として最も適当なものを以下のアからキの中からそれぞれ選べ。ただし，同じ記号は複数回選べないものとする。

細胞は，届けられた栄養分を，酸素を用いて（ ① ）と（ ② ）に分解する。この分解によって（ ③ ）がとり出される。

ア 水　イ 塩素　ウ 二酸化炭素　エ 尿素　オ 水素
カ 有機物　キ エネルギー

問3　酸素や栄養分は血液によって運ばれる。ヒトの血液を試験管に採取して，30 分ほど静かに置いたところ，試験管の血液は図 1 のように上と下の 2 つの層に分離し，上の層には「血しょう」だけが含まれ，それ以外の成分は下の層に存在した。この時の<u>下の層</u>の成分とヘモグロビンの量について，最も適当なものをそれぞれ選べ。

［成分］
ア　上の層と比べて，赤血球を多く含むが白血球は少ない
イ　上の層と比べて，白血球を多く含むが赤血球は少ない
ウ　上の層と比べて，赤血球も白血球も多く含む
［ヘモグロビンの量］
エ　上の層と比べて，ヘモグロビンを大量に含む
オ　上の層と比べて，ヘモグロビンをほとんど含まない

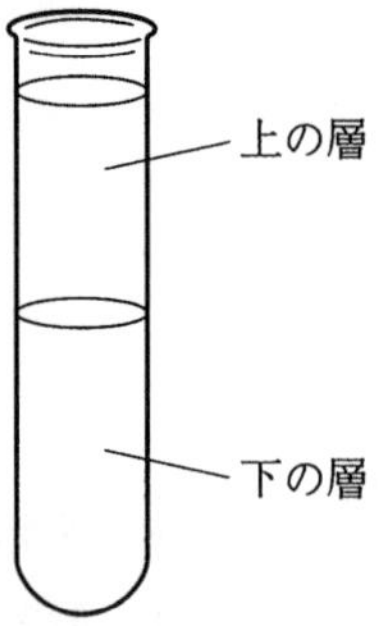

図1

問4　次の 1 と 2 に答えよ。

1　図 2 のグラフは，血液中の全ヘモグロビンのうち酸素と結びついたヘモグロビンの割合を示している。このグラフから，ヘモグロビンは酸素濃度が高いと酸素と結びつきやすく，酸素濃度が低いと酸素をはなしやすいことがわかる。この性質のため，ヘモグロビンは肺胞で酸素と結びつき，それを運んで様々な組織に渡すことができる。今，肺胞での酸素濃度が 70，筋肉組織での酸素濃度が 30 だったとする。ヘモグロビンが肺胞から筋肉組織に到達したとき，肺胞で酸素と結びついていたヘモグロビンのうち，酸素をはなしたヘモグロビンは何％か。

[アイ].[ウ]％

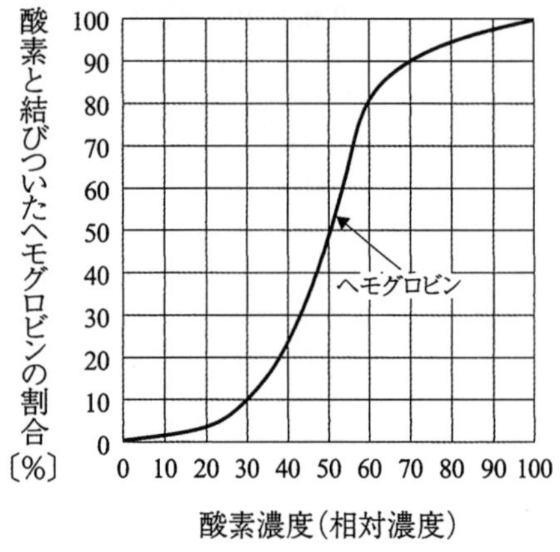

図2

2　筋肉組織にはミオグロビンと呼ばれる物質があり，これは図３のグラフの破線に示すように酸素と結びつく能力を持つ。ミオグロビンと酸素の結びつきについて言えることとして，最も適当なものを以下のアからエの中から選べ。

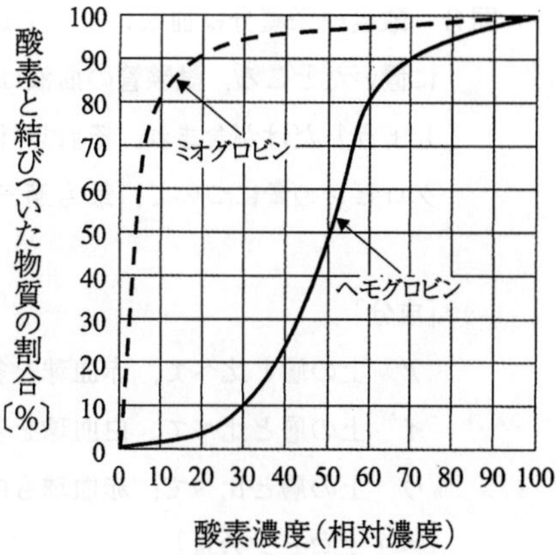

図3

ア　酸素濃度が20の場合にはヘモグロビンより酸素をはなしにくい

イ　酸素濃度が80の場合にはヘモグロビンより酸素をはなしやすい

ウ　酸素濃度が低いほど酸素と結びつきやすい

エ　酸素濃度を0から30まで増加させたとき，酸素と結びついたものの割合はヘモグロビンより緩やかに増加する

（このページは余白です。）

3 地球から観測される天体について，以下の問１から問３に答えよ。

問１　太陽系内の天体のうち，(i)衛星，(ii)小惑星，(iii)太陽系外縁天体の運動について，最も適当なものを，アまたはイからそれぞれ選べ。

ア　太陽の周りを公転する　　　イ　惑星の周りを公転する

問２　16世紀ごろに天体望遠鏡が発明されると，夜空の星だけでなく太陽の観測も盛んに行われるようになった。**図１**は，17世紀のイタリアの天文学者ガリレオ・ガリレイが，望遠鏡を用いて３日間にわたり観測した太陽のスケッチである。図中の円は太陽の輪郭を表している。下の文章は，太陽の黒いしみのような部分についての説明文である。文章の（　①　），（　②　），（　③　）に当てはまる語句をそれぞれ選べ。

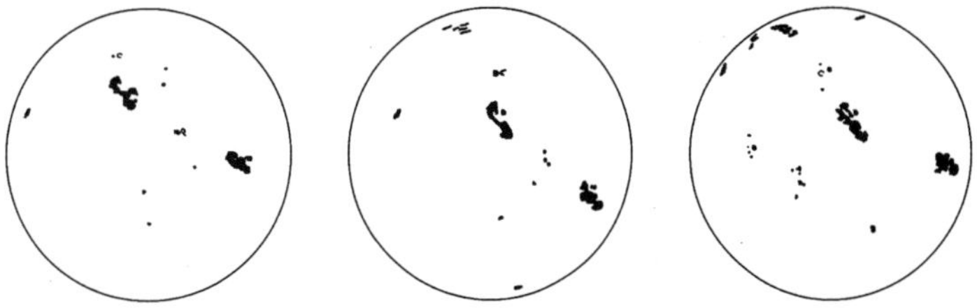

1日目　　2日目　　3日目

引用：Istoria e dimostrazioni intorno alle macchie solari e loro accidenti（1612）

図１

黒いしみのような部分を，太陽の（　①　）という。（　①　）は時間が経過するとその位置が決まった向きに移動することから，太陽が（　②　）していることが分かった。また現在では，（　①　）は周囲より温度が（　③　）部分であることが知られている。

①の選択肢

ア　プロミネンス　　イ　黒点　　ウ　コロナ

②の選択肢

エ　公転　　オ　自転

③の選択肢

カ　高い　　キ　低い

令和６年度入学者選抜学力検査本試験問題

社　　　会　(50分)

（配　点）				
	1　16点	2　12点	3　8点	4　8点
	5　12点	6　16点	7　16点	8　12点

(注意事項)

1　問題冊子は指示があるまで開かないこと。

2　問題冊子は１ページから14ページまである。検査開始の合図のあとで確かめること。

3　検査中に問題冊子の印刷不鮮明，ページの落丁･乱丁及び解答用紙の汚れ等に気づいた場合は，静かに手を高く挙げて監督者に知らせること。

4　解答用紙に氏名と受験番号を記入し，受験番号と一致したマーク部分を塗りつぶすこと。

5　解答には，必ずＨＢの黒鉛筆を使用すること。なお，解答用紙に必要事項が正しく記入されていない場合，または解答用紙に記載してある「マーク部分塗りつぶしの見本」のとおりにマーク部分が塗りつぶされていない場合は，解答が無効になることがある。

6　一つの解答欄に対して複数のマーク部分を塗りつぶしている場合，または指定された解答欄以外のマーク部分を塗りつぶしている場合は，有効な解答にはならない。

7　解答を訂正するときは，きれいに消して，消しくずを残さないこと。

8　「正しいものを二つ選べ」など，一つの問題で複数の解答を求められる場合は，一つの解答欄につき選択肢を一つだけ塗りつぶすこと。

例「ウ」，「オ」を塗りつぶす場合

問１	㋐	㋑	●	㋓	㋔	㋕	㋖	㋗	㋘	㋙
	㋐	㋑	㋒	㋓	●	㋕	㋖	㋗	㋘	㋙

この場合，「ウ」，「オ」の順番は関係ない。

1　次の図１のＡからＤの国について，問１から問４までの各問いに答えよ。

図１

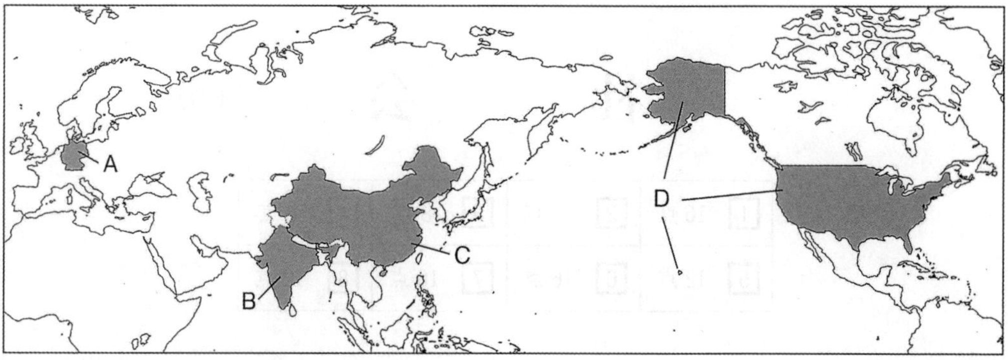

※国境線が未確定な部分には着色していない。

問１　右の表１は，図１中のＡからＤの国の首都で観測された月平均気温と月降水量をまとめたものである。表１中のアからエには，それぞれ図１中のＡからＤのいずれかの国の首都が当てはまる。図１中のＢの国の首都に当てはまるものを，表１中のアからエのうちから一つ選べ。

表１　月平均気温と月降水量

	月平均気温（℃）		月降水量（mm）	
	1月	7月	1月	7月
ア	-2.8	27.2	2.1	170.6
イ	13.9	31.5	20.0	197.2
ウ	2.8	27.0	73.4	109.8
エ	1.0	19.5	54.4	83.9

（気象庁ホームページより作成）

問２　次の表２は，図１中のＡからＤの国と日本における自動車（四輪車）の生産台数，輸出台数，100人あたり保有台数を示したものである。表２中のアからエには，それぞれ図１中のＡからＤのいずれかの国が当てはまる。図１中のＣに当てはまるものを，表２中のアからエのうちから一つ選べ。

表２　自動車（四輪車）の生産台数，輸出台数，100人あたりの保有台数

	生産台数（千台）		輸出台数（千台）		100人あたり保有台数（台）	
	2004年	2017年	2004年	2017年	2004年	2017年
ア	1511	4783	196	844	1.2	3.5
イ	5071	29015	136	891	2.1	14.7
ウ	5570	5920	3924	4589	59.3	60.6
エ	11988	11190	1794	2839	79.6	84.9
日本	10512	9691	4958	4706	58.5	61.2

※自動車（四輪車）には，乗用車・トラック・バスも含む。

（『世界国勢図会 2006/07年版』，『世界国勢図会 2020/21年版』，『世界自動車統計年報 第18集（2019）』より作成）

問３　次の図２中のＸからＺのグラフは，綿花，原油，鉄鉱石のいずれかの輸入額上位５か国とその割合を示したものである。図２中のＡからＤは，図１中のＡからＤと同じ国を示している。ＸからＺの組み合わせとして正しいものを，下のアからカのうちから一つ選べ。

図２　品目別輸入額上位５か国とその割合（2021 年）

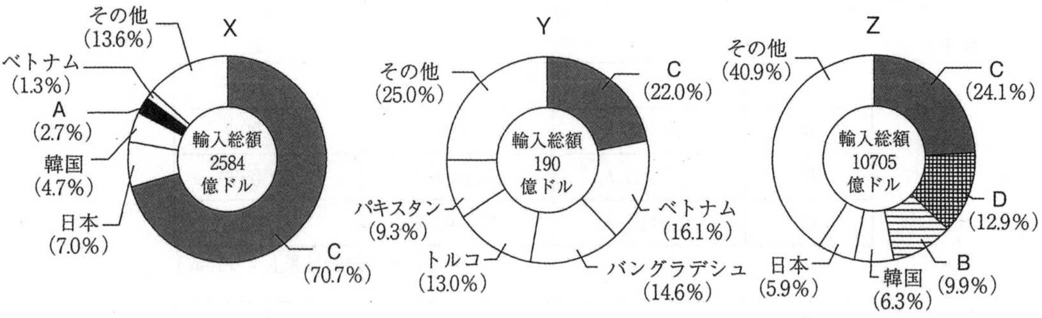

※その他は，輸入額６位以下の国の総計を示している。

（『国際連合貿易統計年鑑 70 集(2021)』より作成）

	ア	イ	ウ	エ	オ	カ
X	綿花	綿花	原油	原油	鉄鉱石	鉄鉱石
Y	原油	鉄鉱石	綿花	鉄鉱石	綿花	原油
Z	鉄鉱石	原油	鉄鉱石	綿花	原油	綿花

問４　次の表３は，図１中のＡからＤの国と日本における経済成長率，CO_2（二酸化炭素）総排出量，CO_2一人あたり排出量をまとめたものである。表３中のアからエには，それぞれ図１中のＡからＤのいずれかの国が当てはまる。図１中のＡに当てはまるものを，表３中のアからエのうちから一つ選べ。

表３　各国の経済成長率，CO_2（二酸化炭素）総排出量，CO_2一人あたり排出量

	経済成長率（%）		CO_2総排出量（百万 t）		CO_2一人あたり排出量（t）	
	1995年	2018 年	1995年	2018 年	1995 年	2018 年
ア	11.0	6.7	2900	9823	2.4	7.0
イ	7.6	6.5	703	2372	0.7	1.7
ウ	2.7	2.9	5074	4987	19.0	15.0
エ	1.5	1.1	857	704	10.5	8.4
日本	2.6	0.6	1118	1100	8.9	8.6

（『国際連合世界統計年鑑 63 集(2020)』，『国際連合世界統計年鑑 65 集(2022)』より作成）

2 日本の地理について，問１から問３までの各問いに答えよ。

問１　次の**表１**は，青森県，千葉県，滋賀県における2020年の15歳未満の人口と65歳以上の人口，2015年から2020年までの５年間の人口増加率を示したものである。**表１**中の**A**から**C**は，青森県，千葉県，滋賀県のいずれかに当てはまる。組み合わせとして正しいものを下の**ア**から**カ**のうちから一つ選べ。

表１

県	15歳未満の人口	65歳以上の人口	人口増加率
A	734496人	1699991人	0.99%
B	191369人	365311人	0.05%
C	129112人	412943人	－5.37%

（「令和２年国勢調査結果」より作成）

	ア	イ	ウ	エ	オ	カ
青森県	A	A	B	B	C	C
千葉県	B	C	A	C	A	B
滋賀県	C	B	C	A	B	A

問２　次の**図**は，都道府県別の就業者数に占める第一次産業，第二次産業，第三次産業それぞれの就業者の割合が全国で上位10位以内の都道府県を塗りつぶして示した地図である。**図**の**A**から**C**は，それぞれ第一次産業，第二次産業，第三次産業のいずれかに当てはまる。組み合わせとして正しいものを，下の**ア**から**カ**のうちから一つ選べ。

図

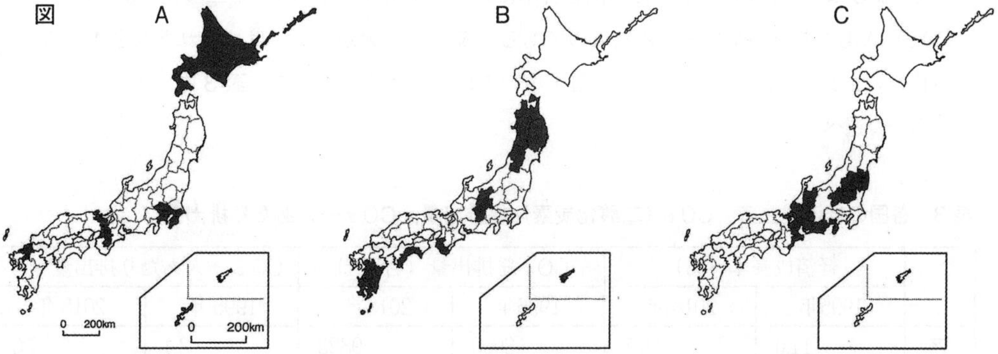

（「令和２年国勢調査結果」より作成）

	ア	イ	ウ	エ	オ	カ
第一次産業	A	A	B	B	C	C
第二次産業	B	C	A	C	A	B
第三次産業	C	B	C	A	B	A

問3　次の**表2**，**表3**は，２種類の統計資料について，北海道，埼玉県，山梨県，京都府の四つの道府県に関する数値を抜粋したものである。**表2**は，宿泊施設への外国人の延べ宿泊者数（２月，８月，１年間），日本人も含めた１年間の延べ宿泊者数に占める外国人の割合を示したものである。**表3**は，日本に居住する人で四つの道府県を主な目的地として訪れた国内旅行者について，宿泊旅行者と日帰り旅行者に分けて延べ人数を示したものである。なお，延べ人数とは人数×回数（泊数）を示す。

表中の**ア**から**エ**は，**表2**，**表3**ともに同じ道府県を示している。下に示す**各道府県の状況**も参考にして，北海道に当てはまるものを，表中の**ア**から**エ**のうちから一つ選べ。

表2　外国人宿泊者数に関する統計（2019年）

道府県	外国人の延べ宿泊者数			１年間の延べ宿泊者数に占める外国人の割合
	２月	８月	１年間	
ア	743770人	1036180人	12025050人	39.11%
イ	1236540人	646280人	8805160人	23.81%
ウ	167950人	177970人	2054960人	22.65%
エ	12430人	16100人	219520人	4.04%

（「宿泊旅行統計調査」より作成）

表3　日本に居住する人の国内旅行に関する統計（2019年）

道府県	訪れた宿泊旅行者の延べ人数	訪れた日帰り旅行者の延べ人数	訪れた旅行者の延べ人数（宿泊と日帰りの合計）
ア	837万人	1027万人	1864万人
イ	1847万人	849万人	2696万人
ウ	512万人	618万人	1130万人
エ	405万人	878万人	1283万人

（「旅行・観光消費動向調査」より作成）

各道府県の状況

北海道　豊かな自然が観光客を呼び寄せており，良質の雪を求め海外からのスキー客も多い。
埼玉県　首都圏に位置し，仕事での宿泊客は多いが，県の人口に対して観光客は少ない。
山梨県　東京から近く，高原や湖，温泉などの観光資源がある。夏には富士山への登山客も多い。
京都府　古くからの都市があり，有名な寺社なども多く，外国人にも知られた観光地である。

3　右のＡからＣの３枚の地図は，ある地域の約50年前，約25年前，最近の２万５千分１地形図の同じ範囲を拡大して加工したものである。これらを見て，問１，問２に答えよ。

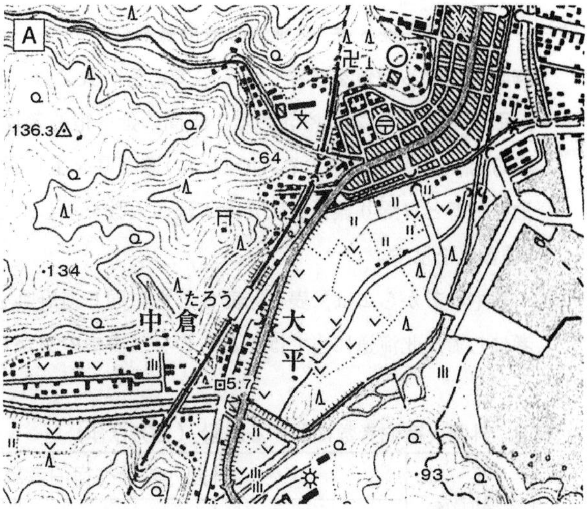

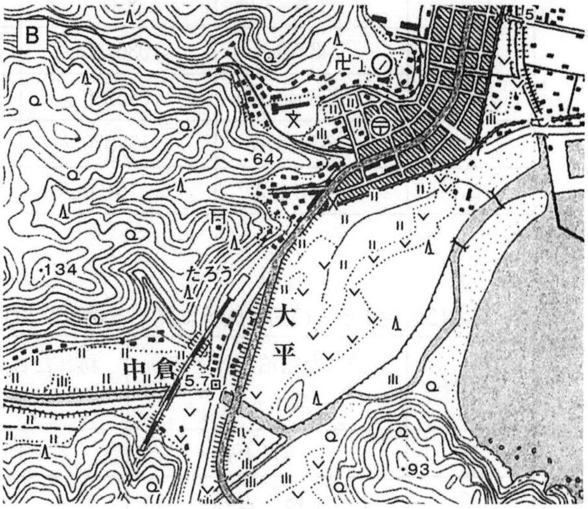

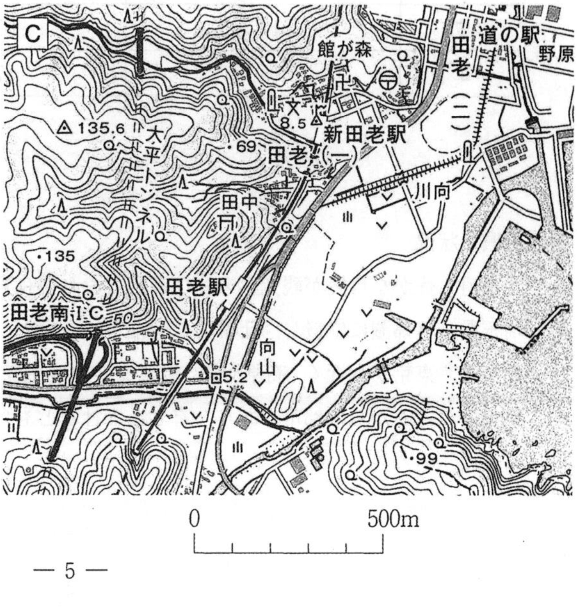

問１　３枚の地図を年代の古いものから新しいものの順に並べたものとして正しいものを，次のアからカのうちから一つ選べ。

ア　Ａ→Ｂ→Ｃ
イ　Ａ→Ｃ→Ｂ
ウ　Ｂ→Ａ→Ｃ
エ　Ｂ→Ｃ→Ａ
オ　Ｃ→Ａ→Ｂ
カ　Ｃ→Ｂ→Ａ

問２　これらの地図から読み取れることとして正しいものを，次のアからカのうちから一つ選べ。

ア　Ａでは，「たろう」駅の東側から海までの間に畑と針葉樹林がある。
イ　Ａでは，「たろう」駅の南に町役場がある。
ウ　Ｂでは，「たろう」駅の南西の河川沿いに果樹園が広がっている。
エ　Ｂの「たろう」駅の南東には，標高130ｍ以上の山がある。
オ　Ｃでは，「新田老駅」の西に図書館がある。
カ　Ｃでは，海岸線から100ｍ以内に神社がある。

4 次の**地図**中のＡからＦは，古代の文明が栄えた地域の河川である。これを見て，問１，問２に答えよ。

地図

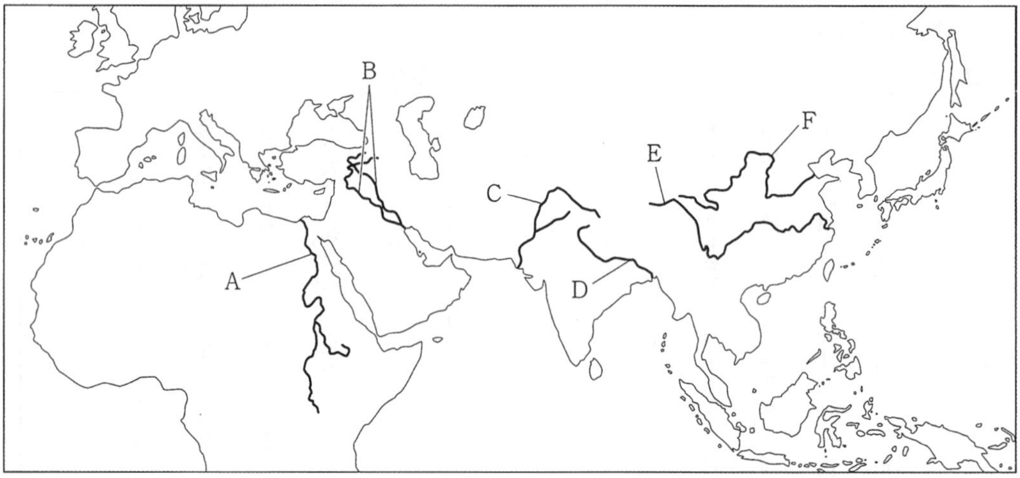

写真

問１　右の**写真**の中の文字は，古代の文明で使用されていたもので，いまだに解読されていない。この文字が使用されていた文明が栄えた地域の河川を，次の**ア**から**カ**のうちから一つ選べ。

ア　Ａ　　**イ**　Ｂ　　**ウ**　Ｃ

エ　Ｄ　　**オ**　Ｅ　　**カ**　Ｆ

問２　次のａからｅの文について，**地図**中の河川Ａの中・下流域に栄えた文明に関する説明として正しいものの組み合わせを，下の**ア**から**コ**のうちから一つ選べ。

ａ　都市国家の一つであるアテネでは，成年男性からなる市民が参加する民会を中心に民主政がおこなわれた。

ｂ　モヘンジョ・ダロなどの都市では，整然とした道路や下水路などが整備された。

ｃ　紀元前3000年ごろに統一王国ができ，神殿やピラミッドがつくられた。

ｄ　月の満ち欠けに基づく太陰暦《たいいんれき》や，時間を60進法で測ること，１週間を７日とすることが考え出された。

ｅ　川のはんらんの時期を知るために天文学が発達し，１年を365日とする太陽暦がつくられた。

ア	イ	ウ	エ	オ	カ	キ	ク	ケ	コ
ａ・ｂ	ａ・ｃ	ａ・ｄ	ａ・ｅ	ｂ・ｃ	ｂ・ｄ	ｂ・ｅ	ｃ・ｄ	ｃ・ｅ	ｄ・ｅ

5　ケンタさんは税制の歴史について授業で発表することになった。異なる時代の税について調べてノートにまとめ，税の徴収に使われた帳簿を書き写して**資料１**，**資料２**を作成したが，調べた内容と資料との関係がわからなくなってしまった。**資料１**，**資料２**を見て，問１から問３までの各問いに答えよ。

資料1

（略）
中田　七畝《せ》十五歩《ぶ》　九斗《と》　源左衛門尉《げんざえもんのじょう》
下田　五畝十五歩　六斗五合《ごう》　同人
中田　二畝　二斗四升《しょう》　同人
下田　四畝　四斗四升　同人
中田　二反《たん》五畝　三石《こく》　市兵衛《いちべえ》
（略）

資料2

（略）
戸主大神部荒人《こしゅおおみわべのあらひと》　年五十七歳　正丁《せいてい》　課戸《かこ》
妻中臣部与利売《なかとみべのよりめ》　年六十七歳　耆妻《きさい》
男《むすこ》大神部伊止甫《いしほ》　年二十六歳　兵士　嫡子《ちゃくし》
女《むすめ》大神部妹津売《いもつめ》　年十六歳　小女　嫡女《ちゃくじょ》
（略）

※いずれの資料も文字を読みやすく書き改め，一部に読みがなをつけたが，人名の読みは推定である。

※反・畝・歩は面積の単位，石・斗・升・合は容積の単位，正丁＝21～60歳の男性，課戸＝税を負担する男性がいる戸，耆妻＝66歳以上の妻，小女＝4～16歳の女児，嫡子・嫡女＝長男・長女。

問１　次のＡからＣは，ケンタさんが異なる時代の税について調べてまとめたノートの一部である。**資料１**，**資料２**は，それぞれＡからＣのうちのいずれかに関連している。ＡからＣと**資料**の組み合わせとして正しいものを，下の**ア**から**カ**のうちから一つ選べ。

Ａ　戸籍に登録された6歳以上の人々には，性別や身分に応じて口分田が与えられ，人々は，男女ともに，口分田の面積に応じて収穫した稲の約3%を納めることになった。

Ｂ　田畑の善《よ》し悪《あ》しや面積，実際に耕作している百姓を検地帳に登録し，石高に応じて年貢を納めることが義務づけられた。

Ｃ　地券を発行して土地の個人所有を認め，土地所有者には地価の3%を納めさせるとともに，土地の売買も可能になった。

	ア	イ	ウ	エ	オ	カ
資料１	A	A	B	B	C	C
資料２	B	C	A	C	A	B

解答用紙　国語

※100点満点

第１面

㋒	㋓
㋒	㋓
㋒	㋓
㋒	㋓
ⓒ	ⓓ
㋒	㋓
㋒	㋓
㋒	㋓
㋒	㋓
㋒	㋓
㋒	㋓

3	問1	(a)	㋐	㋑	㋒	㋓
		(b)	㋐	㋑	㋒	㋓
	問2		㋐	㋑	㋒	㋓
	問3		㋐	㋑	㋒	㋓
	問4		㋐	㋑	㋒	㋓
	問5		㋐	㋑	㋒	㋓
	問6		㋐	㋑	㋒	㋓
	問7		㋐	㋑	㋒	㋓

㋒	㋓
㋒	㋓
㋒	㋓
㋒	㋓
㋒	㋓
㋒	㋓
㋒	㋓
㋒	㋓
㋒	㋓
㋒	㋓
ⓒ	ⓓ
㋒	㋓

問３．３点　問４．３点　問５．４点　問６．５点　問７．４点　問８．４点

×２　問３．４点　問４．４点　問５．４点　問６．４点　問７．４点

問３．４点　問４．４点　問５．４点　問６．４点　問７．５点

解答用紙　数学

第1面

※100点満点

欄

1)	ア	−	0	1	2	3	4	5	6	7	8	9
2)	イ	−	0	1	2	3	4	5	6	7	8	9
	ウ	−	0	1	2	3	4	5	6	7	8	9
3)	エ	−	0	1	2	3	4	5	6	7	8	9
	オ	−	0	1	2	3	4	5	6	7	8	9
4)	カ	−	0	1	2	3	4	5	6	7	8	9
	キ	−	0	1	2	3	4	5	6	7	8	9
5)	ク	−	0	1	2	3	4	5	6	7	8	9
	ケ	−	0	1	2	3	4	5	6	7	8	9
6)	コ	−	0	1	2	3	4	5	6	7	8	9
	サ	−	0	1	2	3	4	5	6	7	8	9
7)	シ	−	0	1	2	3	4	5	6	7	8	9
	ス	−	0	1	2	3	4	5	6	7	8	9
	セ	−	0	1	2	3	4	5	6	7	8	9
8)	ソ	−	0	1	2	3	4	5	6	7	8	9
	タ	−	0	1	2	3	4	5	6	7	8	9

1)	ア	−	0	1	2	3	4	5	6	7	8	9
	イ	−	0	1	2	3	4	5	6	7	8	9
	ウ	−	0	1	2	3	4	5	6	7	8	9
2)	エ	−	0	1	2	3	4	5	6	7	8	9
	オ	−	0	1	2	3	4	5	6	7	8	9
	カ	−	0	1	2	3	4	5	6	7	8	9
	キ	−	0	1	2	3	4	5	6	7	8	9
	ク	−	0	1	2	3	4	5	6	7	8	9
	ケ	−	0	1	2	3	4	5	6	7	8	9
3)	コ	−	0	1	2	3	4	5	6	7	8	9
	サ	−	0	1	2	3	4	5	6	7	8	9

1　完答5点×8

2　(1)完答6点　(2)完答4点×2　(3)完答6点

解答欄は，第2面に続きます。

解　答　欄

3	(1)	ア	⊖	⓪	①	②	③	④	⑤	⑥	⑦	⑧	⑨
	(2)	イ	ⓐ	ⓑ	ⓒ	ⓓ	ⓔ	ⓕ	ⓖ	ⓗ	ⓘ	ⓙ	ⓚ
		ウ	ⓐ	ⓑ	ⓒ	ⓓ	ⓔ	ⓕ	ⓖ	ⓗ	ⓘ	ⓙ	ⓚ
		エ	ⓐ	ⓑ	ⓒ	ⓓ	ⓔ	ⓕ	ⓖ	ⓗ	ⓘ	ⓙ	ⓚ
		オ	ⓐ	ⓑ	ⓒ	ⓓ	ⓔ	ⓕ	ⓖ	ⓗ	ⓘ	ⓙ	ⓚ
	(3)	カ	⊖	⓪	①	②	③	④	⑤	⑥	⑦	⑧	⑨
		キ	⊖	⓪	①	②	③	④	⑤	⑥	⑦	⑧	⑨
		ク	⊖	⓪	①	②	③	④	⑤	⑥	⑦	⑧	⑨
		ケ	⊖	⓪	①	②	③	④	⑤	⑥	⑦	⑧	⑨
	(4)	コ	⊖	⓪	①	②	③	④	⑤	⑥	⑦	⑧	⑨
		サ	⊖	⓪	①	②	③	④	⑤	⑥	⑦	⑧	⑨
		シ	⊖	⓪	①	②	③	④	⑤	⑥	⑦	⑧	⑨
		ス	⊖	⓪	①	②	③	④	⑤	⑥	⑦	⑧	⑨

4	(1)	ア	⊖	⓪	①	②	③	④	⑤	⑥	⑦	⑧	⑨
		イ	⊖	⓪	①	②	③	④	⑤	⑥	⑦	⑧	⑨
	(2)	ウ	⊖	⓪	①	②	③	④	⑤	⑥	⑦	⑧	⑨
		エ	⊖	⓪	①	②	③	④	⑤	⑥	⑦	⑧	⑨
	(3)	オ	⊖	⓪	①	②	③	④	⑤	⑥	⑦	⑧	⑨
		カ	⊖	⓪	①	②	③	④	⑤	⑥	⑦	⑧	⑨
		キ	⊖	⓪	①	②	③	④	⑤	⑥	⑦	⑧	⑨
		ク	⊖	⓪	①	②	③	④	⑤	⑥	⑦	⑧	⑨
		ケ	⊖	⓪	①	②	③	④	⑤	⑥	⑦	⑧	⑨
		コ	⊖	⓪	①	②	③	④	⑤	⑥	⑦	⑧	⑨
		サ	⊖	⓪	①	②	③	④	⑤	⑥	⑦	⑧	⑨
		シ	⊖	⓪	①	②	③	④	⑤	⑥	⑦	⑧	⑨
		ス	⊖	⓪	①	②	③	④	⑤	⑥	⑦	⑧	⑨

3　(1)4点　(2)1点×4　(3

4　(1)完答1点　(2)完答1点

解答用紙　英語

第１面
※100点満点

㋒	㋓
㋒	㋓
㋒	㋓
㋒	㋓
㋒	㋓

4	問１	（１）	㋐	㋑	㋒	㋓		
		（２）	㋐	㋑	㋒	㋓		
		（３）	㋐	㋑	㋒	㋓		
		（４）	㋐	㋑	㋒	㋓		
		（５）	㋐	㋑	㋒	㋓		
		（６）	㋐	㋑	㋒	㋓		
	問２	（１）	㋐	㋑	㋒	㋓	㋔	㋕
		（２）	㋐	㋑	㋒	㋓	㋔	㋕

㋒	㋓
㋒	㋓
㋒	㋓
㋒	㋓
㋒	㋓

5	A	問１		㋐	㋑	㋒	㋓
		問２	（１）	㋐	㋑	㋒	㋓
			（２）	㋐	㋑	㋒	㋓
	B	問１		㋐	㋑	㋒	㋓
		問２		㋐	㋑	㋒	㋓

㋒	㋓	㋔	㋕
㋒	㋓	㋔	㋕
㋒	㋓	㋔	㋕
㋒	㋓	㋔	㋕
㋒	㋓	㋔	㋕
㋒	㋓	㋔	㋕
㋒	㋓	㋔	㋕
㋒	㋓	㋔	㋕
㋒	㋓	㋔	㋕
㋒	㋓	㋔	㋕

6	問１	㋐	㋑	㋒
	問２	㋐	㋑	㋒
	問３	㋐	㋑	㋒
	問４	㋐	㋑	㋒
	問５	㋐	㋑	㋒
	問６	㋐	㋑	㋒
	問７	㋐	㋑	㋒

1　２点×５
2　３点×５
3　完答３点×５
4　３点×８
5　３点×５
6　３点×７

解答用紙　理科

第１面
※100点満点

答　欄

問１		㋐	㋑	㋒	㋓	㋔	㋕	㋖	㋗		
問２		㋐	㋑	㋒	㋓						
		㋐	㋑	㋒	㋓						
問３	ア	⓪	①	②	③	④	⑤	⑥	⑦	⑧	⑨
	イ	⓪	①	②	③	④	⑤	⑥	⑦	⑧	⑨
問４		㋐	㋑	㋒	㋓	㋔					
問５		㋐	㋑	㋒	㋓	㋔	㋕				
		㋐	㋑	㋒	㋓	㋔	㋕				
		㋐	㋑	㋒	㋓	㋔	㋕				
問６		㋐	㋑	㋒	㋓	㋔	㋕				
		㋐	㋑	㋒	㋓	㋔	㋕				
問７	１	㋐	㋑	㋒	㋓	㋔	㋕				
	２	㋐	㋑	㋒	㋓						
問８		㋐	㋑	㋒	㋓						

問１	①		㋐	㋑	㋒	㋓	㋔	㋕	㋖			
	②		㋐	㋑	㋒	㋓	㋔	㋕	㋖			
	③		㋐	㋑	㋒	㋓	㋔	㋕	㋖			
問２	①		㋐	㋑	㋒	㋓	㋔	㋕	㋖			
	②		㋐	㋑	㋒	㋓	㋔	㋕	㋖			
	③		㋐	㋑	㋒	㋓	㋔	㋕	㋖			
問３	成分		㋐	㋑	㋒							
	ヘモグロビン		㋓	㋔								
問４	１	ア	⓪	①	②	③	④	⑤	⑥	⑦	⑧	⑨
		イ	⓪	①	②	③	④	⑤	⑥	⑦	⑧	⑨
		ウ	⓪	①	②	③	④	⑤	⑥	⑦	⑧	⑨
	２		㋐	㋑	㋒	㋓						

3．完答２点　問４．３点　問５．完答２点
問８．２点

解答欄は，第２面に続きます。

答２点　③１点　問３．完答３点　問４．１．完答３点　２．３点

解 答 欄

3	問 1	(i)		㋐ ㋑
		(ii)		㋐ ㋑
		(iii)		㋐ ㋑
	問 2	①		㋐ ㋑ ㋒
		②		㋓ ㋔
		③		㋕ ㋖
	問 3	1		㋐ ㋑ ㋒
		2	ア	⓪ ① ② ③ ④ ⑤ ⑥ ⑦ ⑧ ⑨
			イ	⓪ ① ② ③ ④ ⑤ ⑥ ⑦ ⑧ ⑨
			ウ	⓪ ① ② ③ ④ ⑤ ⑥ ⑦ ⑧ ⑨
		3		㋐ ㋑ ㋒ ㋓ ㋔ ㋕ ㋖ ㋗

4	問 1		㋐ ㋑ ㋒ ㋓ ㋔
	問 2	ア	⓪ ① ② ③ ④ ⑤ ⑥ ⑦ ⑧ ⑨
		イ	⓪ ① ② ③ ④ ⑤ ⑥ ⑦ ⑧ ⑨
	問 3		㋐ ㋑ ㋒ ㋓
	問 4	気体の色	㋐ ㋑
		密度	㋒ ㋓
		リトマス紙	㋔ ㋕ ㋖
	問 5	1	㋐ ㋑ ㋒ ㋓ ㋔
		2	㋐ ㋑ ㋒ ㋓

3
4
5
6

解答用紙　社会

第１面
※100点満点

㋑	㋒	㋓		
㋑	㋒	㋓		
㋑	㋒	㋓	㋔	㋕
㋑	㋒	㋓		

㋑	㋒	㋓	㋔	㋕
㋑	㋒	㋓	㋔	㋕
㋑	㋒	㋓		

㋑	㋒	㋓	㋔	㋕
㋑	㋒	㋓	㋔	㋕

㋑	㋒	㋓	㋔	㋕
㋑	㋒	㋓	㋔	㋕
㋗	㋘	㋙		

㋑	㋒	㋓	㋔	㋕
㋑	㋒	㋓		
㋑	㋒	㋓		

㋑	㋒	㋓		
㋑	㋒	㋓		
㋑	㋒	㋓		
㋑	㋒	㋓	㋔	㋕

7	問１	㋐	㋑	㋒	㋓
	問２	㋐	㋑	㋒	㋓
	問３	㋐	㋑	㋒	㋓
	問４	㋐	㋑	㋒	㋓

8	問１	㋐	㋑	㋒	㋓		
	問２	㋐	㋑	㋒	㋓		
	問３	㋐	㋑	㋒	㋓	㋔	㋕

1　４点×４
2　４点×３
3　４点×２
4　４点×２
5　４点×３
6　４点×４
7　４点×４
8　４点×３

令和 6 年度

国立 高等専門学校

KOSEN

解答と解説

教英出版

国語解答

1 問1．①エ　②イ　③ウ　④イ　問2．d　問3．ア　問4．イ　問5．エ　問6．ウ　問7．ア　問8．ウ

2 問1．①ウ　②エ　③ア　問2．(a)イ　(b)ウ　問3．イ　問4．エ　問5．エ　問6．ア　問7．ウ　問8．c　問9．イ

3 問1．(a)イ　(b)ア　問2．エ　問3．ウ　問4．イ　問5．ア　問6．エ　問7．ウ

国語解説

1 **問2**　本文中の「ない」とdの「ない」は、打ち消しの意味を表す助動詞の「ない」である。aとcの「ない」は、形容詞の「ない」である。bの「ない」は、「頼りない」という形容詞の一部である。

問3　飄々《ひょうひょう》としているとは、性格や考え方などが世間一般とかけ離れていて、とらえどころがないという意味で、霞を食らうとは、(仙人は霞を食って生きているといわれるところから)俗世間のことに無関心で、収入もなしに暮らすという意味。また、「茅屋《ぼうおく》で句をしたためている」とは、みすぼらしい家で俳句を作っているということ。これらをもとに考えると、傍線部(1)は、世間から離れ、人間関係や金銭にとらわれず、質素に暮らしながら俳句を作っているということ。よって、アが適する。

問4　夏炉冬扇《かろとうせん》とは、時期はずれの無用なもの、役に立たないものという意味。よって、イが適する。

問5　5～6行前に「頼るべきものといえば、人。そして、金。そのどちらも自分は持つことができなかった。そのかわりとして、夏木立の中の、ふとぶととした椎《しい》の木がある」とある。これは、芭蕉が頼りにしたのは人や金ではなく、椎の木であったということ。人や金は、俗世間や現実と結びついていて、椎の木は、現実では役に立たない俳句と結びついている。筆者は、芭蕉のこの俳句について、「そうした身の上に対する自虐なのかといえば、そう単純ではない」と述べている。「ふとぶととした」「あおあおと葉を茂らせ」ている夏の椎の木を知己としているということは、「『無能無才』を羞《は》じている句」ではなく、世俗に染まらずに「俳諧《はいかい》という一筋の道」に身を捧げた「みずからの境遇を驕《おご》る」、つまり自らを誇らしく思う気持ちを詠んだ句だと考えることができる。よって、エが適する。

問6　芭蕉については、1～2行後に「天地も時間もすべて刻々と変化していく旅人であるというのならば～今昔や貴賤《きせん》を超越して現世を眺めている」とある。つまり、芭蕉は、空間も時間も変化していく中で時間や身分を超えて現実を眺めることを重視している。西鶴については、3～4行後にあるように、「すべてが刻々変化するこの世は夢のようであ」るとしながらも、「子孫のためになるという理由で、それ(＝お金をためること)を肯定」している。つまり、西鶴は、この世は夢のようにはかないと考えつつも、子孫のためになるという理由でお金をためることに意味を見出している。よって、ウが適する。

問7　1～3行後にあるように、江戸時代の庶民の旅は、基本的に物見遊山《ものみゆさん》、つまり気晴らしや娯楽が目的であった。しかし、4～8行後にあるように、芭蕉の旅には、「名声を得、生計の安定を図るためという現実的側面」もあったが、それ以上に大きいのが「古人の足跡に触れたい、歌枕の現状を知りたい、みずからの思索を深めたい

という、形而上《けいじじょう》的な理由」だった。あえて辺境の地をめぐる芭蕉の旅は、「一般の人からみれば『無駄骨』としかいいようのない旅」であり、「一般の人に理解されづらいものであった」。よって、アが適する。

問8　傍線部(6)の「この複雑さ」が指す内容は、「大衆の詩」でありながら、「超然と高みから見下ろしての垂訓でもある」という俳句の複雑さである。つまり、傍線部(6)は、世俗を超えた視点を持ちながら世俗の心を詠むという俳句の複雑さを受け入れて、優れた俳句を生み出したということ。よって、ウが適する。

2　**問1**①　直前の２文の内容について具体例を用いて説明したのが、直後に書かれているＭＰ３の話である。よって、具体例を挙げて説明するときに用いる、ウの「例えば」が適する。　②　直前の１文の内容を、直後で別の形で言い換えて説明している。よって、言い換えるときに用いる、エの「つまり」が適する。　③　直前に「誤読であるといえる」とあり、直後に「けっして無理すじではない」とある。前に述べた事柄と対立する内容を後で述べているので、逆接の接続詞であるアの「だが」が適する。

問3　２～３行前に「人間は、俳句なり一文なりを見て、それが比喩的で、抽象度の高い表現によって二人の関係性を伝えていると理解できます」とある。また、１～２行後に、「『月がきれいですね』の原文が『I love you』であることを理解するのは、ＡＩにとってきわめて難易度が高い。『月がきれいですね』を告白と受け取るのは、人間にはできてもＡＩには難しいのです」とある。つまり、この逸話は、「比喩的で、抽象度の高い表現」で表された意味を、人間は理解できるが、ＡＩには難しいということを説明しようとしている。よって、イが適する。

問4　ここより前では、与謝蕪村の句の解釈を例に、「同じ作品でも、読み手によって解釈の幅があ」るという話をしている。この話題を受け継ぎながらも、傍線部(2)以降では、情報のエンコードとデコードという異分野の専門用語を用いて、新たな視点から俳句の解釈の問題にアプローチしている。俳句でいえば、デコードは読み手が俳句を解釈することにあたる。この後しばらくこの話題が続き、議論が発展している。よって、エが適する。

問5　直後に「元のデータとそっくり同じものには解凍できないのですが～おおむね正しく復元されます。人間が耳で聴いたり目で見たりするぶんには、元の音源などと区別がつきません」とある。よって、エが適する。

問6　ここより前に「この句、意味としては、『白梅が咲いている。この木はいつだれがその垣の外に植えたのだろう』ということ～先人や過去に思いを寄せるということ」とあるように、蕪村の意図は、白梅を植えた人の存在を感じ、そこに思いをはせるというものである。一方、朔太郎の読みは、作者が少年や青年だったころに、「だれかがその垣根越しにいたことを思い出し、今もその人の気配がずっと残っているような気がする」というものである。「これだと、恋慕の句～恋を叙情的に詠んだ句ということになり」、垣根の外に詠み手の恋人がいるという解釈になる。このように、蕪村の意図と朔太郎の解釈は異なるが、傍線部(4)の直後にあるように、「恋慕という意味～心の機微という点では同等」で、「人をしのぶ～という点では情報を共有できてい」る。よって、アが適する。

問7　３行後にあるように「元の情報をそのままで保存できないのがアナログ」である。俳句は、「読み手によって解釈の幅があ」る。しかし、傍線部(5)の次の行にあるように「俳句は何度書き写しても、情報として劣化し」ない。「ことば」もこれと同様である。つまり、たとえ解釈に幅があるとしても、元の情報が劣化しない「俳句やことば」はアナログではない。よって、ウが適する。

問8　ここで話題にしている蕪村の句の解釈について言えば、「朔太郎の解釈」は、「デコード時に齟齬《そご》が発生した」例である。破線部ａ、ｂ、ｄは「朔太郎の解釈」に関するものなので、該当する。破線部ｃは「専門家の解釈」に関するものなので、該当しない。よって、ｃが正解。

問9　傍線部(4)の次の行に「西欧から『愛』の概念が入ってくる以前の蕪村と、それ以後の朔太郎で、意図と読み

がくいちがってしまいましたが」とある。文章【Ⅰ】では、この句が詠まれたのが「西欧から『愛』の概念が入ってくる」より前であることも、「誤読」とする根拠になっている。よって、イが適する。

3 **問2**　１～４行前の「単にその形を目に焼き付けているだけではないと思った～進化によってその形が生まれるまでの悠久の時を、鉛筆の先で刻もうとしているのだ」より、宮下さんは、単に描く対象の生物の形を正確に写し取るというのでなく、進化によって生物がその形になるまでの時間までも表現しようとしていることがわかる。そうした宮下さんの姿勢や思いが、博物館で目にした絵にも表れていたので、「これこそ博物館にふさわしい絵だと感じた」のである。よって、エが適する。

問3　惑星探査機『ボイジャー』には、「いつか異星人と遭遇したときのため」に、地球の音などが録音されたレコード(＝ゴールデン・レコード)が積まれている。探査機が異星人に遭遇し、なおかつその異星人がクジラの歌を読み解いてくれるというのは、現実にあったら面白い話(＝「夢のある話」)ではあるが、実現する可能性は低い(＝「夢みたいな話」)と思われる。よって、ウが適する。

問4　前の行に「わからない、わかりようがない、というのが研究者としての答えです」とある。これは、「クジラやイルカの知性」や「頭の中」については、それをしっかりと説明できるほど十分に研究が進んでおらず、研究者としてははっきりしたことが言えないということである。よって、イが適する。

問5　網野先生は、ヒトが発達させてきたのは「外向きの知性」であり、もしかしたらクジラは「もっと内向きの知性～を発達させているのかもしれない」と言っている。この言葉を聞いた「わたし」は、想像の中でクジラとともに泳ぎ、傍線部(4)の３行前にあるように、「クジラは、わたしたちには思いもよらないようなことを、海の中で一人静かに考え続けているのだ」と感じている。よって、アが適する。

問6　直後に「わたしのように、虚《むな》しい空想に逃げたりせずに」とある。ここから、「わたし」は果穂に対して、目の前の現実から逃げずに向き合える人間に育ってほしいと思っていることが読み取れる。また、次の行の「そうしたらきっと～何かを見つけるだろう。そしていつか、必ず何かが実るだろう」より、目の前の現実の世界で何かを見つけ、それを生かして生きていってほしいと願っていることがわかる。よって、エが適する。

問7　この本文より前で「海に還る」ことを想像していた時には、「わたし」の姿は、「自分の意思や力で泳いだりしなくていい」プランクトンであった。生徒３の発言にあるように、プランクトンになって「海に還る」というのは、日常からの現実逃避だと考えられる。しかし、本文中で網野先生の話を聞きながら空想の世界に入り込んだ時には、クジラと泳ぎ、海面に上がる「わたし」は人間の姿をしている。人間の姿をしていることは、自分の意思を持ち、日常の世界、つまり現実に向き合おうとしていることを表していると考えられる。これらをふまえると、クジラと別れ、人間の姿で海面に上がってきた後で、「(プランクトンとして)還る海をさがすことは、もうないだろう」と思えたことは、空想に逃げ込んでばかりいなくても、現実と向き合うことができると感じたからだと考えられる。よって、ウが適する。

数学解答

1　(1)ア．3　(2)イ．2　ウ．3　(3)エ．2　オ．4　(4)カ．1　キ．4　(5)ク．1　ケ．3
　(6)コ．1　サ．1　(7)シ．1　ス．0　セ．8　(8)ソ．6　タ．3

2　(1)ア．－　イ．3　ウ．2　(2)エ．－　オ．3　カ．4　キ．2　ク．7　ケ．4
　(3)コ．2　サ．3

3　(1)ア．3　(2)イ．b　ウ．g　エ．d　オ．i　(3)カ．5　キ．1　ク．3　ケ．6
　(4)コ．9　サ．2　シ．4　ス．5

4　(1)ア．1　イ．5　(2)ウ．7　エ．0
　(3)オ．3　カ．0　キ．5　ク．6　ケ．5　コ．7　サ．7　シ．2　ス．1

数学解説

1　(1)　与式$=-4-\frac{5}{3}\div(\frac{3}{6}+\frac{2}{6})+9=5-\frac{5}{3}\div\frac{5}{6}=5-\frac{5}{3}\times\frac{6}{5}=5-2=\mathbf{3}$

(2)　2次方程式の解の公式より，$x=\frac{-(-4)\pm\sqrt{(-4)^2-4\times1\times1}}{2\times1}=\frac{4\pm\sqrt{12}}{2}=\frac{4\pm2\sqrt{3}}{2}=\mathbf{2\pm\sqrt{3}}$

(3)　反比例の式は$y=\frac{a}{x}$または$xy=a$とおけるから，$xy=a$に$x=4$，$y=3$を代入すると，$4\times3=a$より，$a=12$
$y=\frac{12}{x}$のグラフにおいて，$x>0$のとき，xの値が大きくなるとyの値は小さくなる。したがって，$3\leqq x\leqq6$でのyの最小値は，$x=6$のときの$y=\frac{12}{6}=2$，yの最大値は，$x=3$のときの$y=\frac{12}{3}=4$である。
よって，yの変域は，$\mathbf{2\leqq y\leqq4}$である。

(4)　**【解き方】変化の割合は$\frac{(y\text{の増加量})}{(x\text{の増加量})}$で求めるが，1次関数の変化の割合は一定であり，グラフの傾きと等しい。**
$y=2x+3$のグラフは直線であり傾きが2だから，関数$y=2x+3$において変化の割合は常に2である。
$y=ax^2$に$x=2$を代入すると，$y=a\times2^2=4a$，$x=6$を代入すると，$y=a\times6^2=36a$となる。
したがって，xの値が2から6まで増加したときの変化の割合は，$\frac{36a-4a}{6-2}=8a$と表せる。
これが2と等しいから，$8a=2$より，$a=\mathbf{\frac{1}{4}}$

(5)　**【解き方】さいころを2個使う問題では，右のような表にまとめて考えるとよい（2個のさいころをA，Bとして区別する）。**
2個のさいころの目の出方は全部で6×6＝36(通り)ある。そのうち条件に合う出方は，表で色をつけた12通りだから，求める確率は，$\frac{12}{36}=\mathbf{\frac{1}{3}}$

2個のさいころの目の和

		B					
		1	2	3	4	5	6
A	1	2	3	4	5	6	7
	2	3	4	5	6	7	8
	3	4	5	6	7	8	9
	4	5	6	7	8	9	10
	5	6	7	8	9	10	11
	6	7	8	9	10	11	12

(6)　(四分位範囲)＝(第3四分位数)－(第1四分位数)だから，16－5＝**11**(点)

(7)　△ABCの内角の和より，36°＋●×2＋○×2＝180°
(●＋○)×2＝144°　　●＋○＝72°
△DBCの内角の和より，$\angle x$＝180°－(●＋○)＝180°－72°＝**108°**

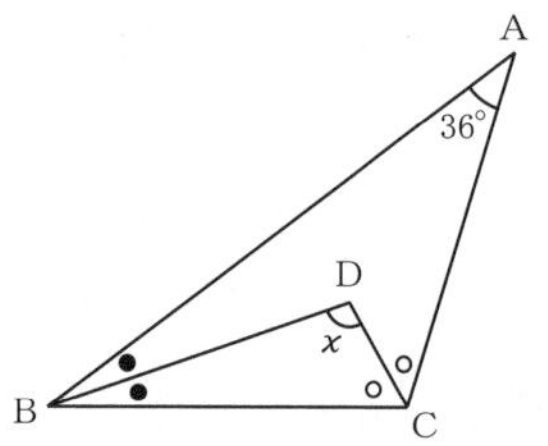

(8)　**【解き方】立体の表面に長さが最短になるようにかけられた糸は，展開図上で線分となる。したがって，円すいの展開図で考える。**
母線の長さは，三平方の定理より，$\sqrt{2^2+(4\sqrt{2})^2}=6$ (cm)
したがって，展開図において側面のおうぎ形の半径は6cmである。

側面のおうぎ形の弧の長さと底面の円周が等しいから，側面のおうぎ形の中心角をx°とすると，$2\pi\times6\times\frac{x}{360}=2\pi\times2$より，$x=120$

右図は円すいの展開図（AとCは組み立てたときに重なる点）であり，求める糸の長さはACの長さである。△OACは∠AOC＝120°，OA＝OCの二等辺三角形だから，∠AOB＝120°×$\frac{1}{2}$＝60°

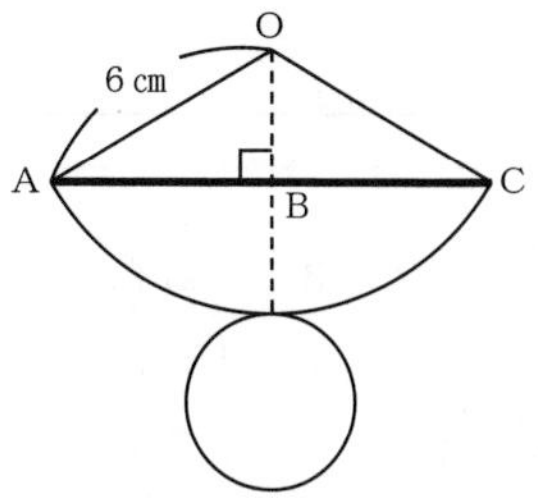

したがって，△OABは3辺の比が1：2：$\sqrt{3}$の直角三角形だから，

AB＝$\frac{\sqrt{3}}{2}$OA＝$\frac{\sqrt{3}}{2}\times6=3\sqrt{3}$(cm)　　AC＝AB×2＝$3\sqrt{3}\times2=$ **$6\sqrt{3}$(cm)**

2 (1)　B′はy軸についてBと対称だから，B′($-3t$，$9t^2$)と表せる。$t=2$を代入すると，B′(-6，36)となる。A(t，$6t^2$)に$t=2$を代入すると，A(2，24)となる。このとき，直線AB′の傾きは，$\frac{24-36}{2-(-6)}=$ **$-\frac{3}{2}$**

(2)　A(t，$6t^2$)，B′($-3t$，$9t^2$)だから，直線AB′の傾きは，$\frac{6t^2-9t^2}{t-(-3t)}=-\frac{3}{4}t$と表せる。

したがって，直線AB′の式を$y=-\frac{3}{4}tx+b$とし，Aの座標を代入すると，

$6t^2=-\frac{3}{4}t^2+b$より，$b=\frac{27}{4}t^2$

よって，直線AB′の式は，**$y=-\frac{3}{4}tx+\frac{27}{4}t^2$**

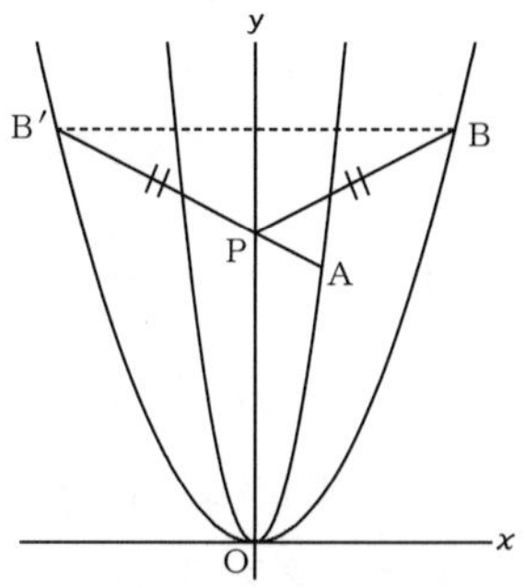

(3)　**【解き方】BとB′はy軸について対称だから，BP＝B′Pとなる。したがって，AP＋B′Pが最小になればよいので，Pは直線AB′とy軸の交点である。**

(2)より，直線AB′の切片は$\frac{27}{4}t^2$と表せて，これがPのy座標の3にあたるから，

$\frac{27}{4}t^2=3$より，$t^2=\frac{4}{9}$　　$t=\pm\frac{2}{3}$　　$t>0$より，$t=$ **$\frac{2}{3}$**

3 (1)　**【解き方】BD＝xとし，三平方の定理を利用してAD^{2}を2通りのxの式で表して，xの方程式をたてる。**

三平方の定理より，AD^2＝AB^2－BD^2，AD^2＝AC^2－DC^{2}だから，AB^2－BD^2＝AC^2－DC^{2}より，

$(\sqrt{13})^2-x^2=5^2-(6-x)^2$　　これを解くと$x=2$となる。よって，AD＝$\sqrt{AB^2-BD^2}=\sqrt{13-4}=$ **3**

(2)　証明の穴埋め問題では，すでに書かれていることがヒントになるのでそれをよく読んで，論理的な説明になるように空欄を埋めていこう。答えがすぐにわからない場合は，仮定を図にかきこみ，問題の内容に応じて，図形の性質，平行線の同位角・錯角，円周角の定理などからわかることも図にかきこんで，答えを考えよう。

(3)　△AEC∽△ABDだから，AE：AB＝AC：AD　　AE：$\sqrt{13}$＝5：3　　AE＝$\frac{5\sqrt{13}}{3}$

よって，円Oの半径は，AE×$\frac{1}{2}=\frac{5\sqrt{13}}{3}\times\frac{1}{2}=$ **$\frac{5\sqrt{13}}{6}$**

(4)　**【解き方】AGの長さについては，AG＝yとし，△AFCの3辺の長さを求めてから(1)と同様に方程式をたてて解く。**

AC//BFより，△AFC＝△ABC＝$\frac{1}{2}$×BC×AD＝$\frac{1}{2}\times6\times3=$ **9**

平行線の錯角は等しいことと，円周角の定理から，右のように作図できる。

△ABF∽△CFBであり，BF＝FBだから，△ABF≡△CFBである。

したがって，FA＝BC＝6，CF＝AB＝$\sqrt{13}$

FG^{2}について，FA^2－AG^2＝CF^2－CG^{2}だから，

$6^2-y^2=(\sqrt{13})^2-(5-y)^2$　　これを解くと$y=\frac{24}{5}$になるから，AG＝**$\frac{24}{5}$**

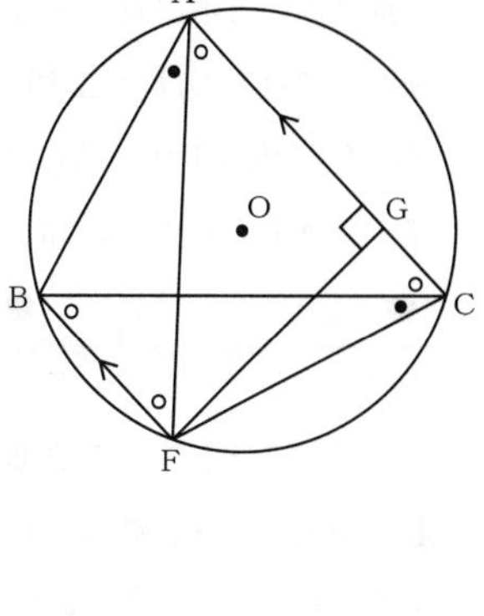

4 (1)　n＝5のとき，$\frac{n(n+1)}{2}=\frac{5\times(5+1)}{2}=\frac{5\times6}{2}=$ **15**

(2)　n＝5のとき，$\frac{n(n+1)(n+2)}{3}=\frac{5\times(5+1)(5+2)}{3}=\frac{5\times6\times7}{3}=$ **70**

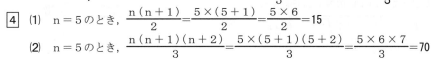

(3)　n＝5のとき，$n(n+1)=5\times6=30$

1列目と2列目を見ると，2列目にある数は，その数のすぐ左にある数とすぐ上にある数の和になっている。

したがって，$\boxed{\text{アイ}}=5+10$，$\boxed{\text{アイ}}$のすぐ下の数は，$6+\boxed{\text{アイ}}$である。

$\boxed{\text{アイ}}=5+10=5+4+6=5+4+3+3=5+4+3+2+1$だから，$\boxed{\text{アイ}}$というのは1から5までの自然数の合計になる。$\boxed{\text{アイ}}$は$\dfrac{n(n+1)}{2}$にn＝5を代入して求めたから，$\dfrac{n(n+1)}{2}$にn＝7を代入すると，1から7までの自然数の合計を求められる。

3列目と4列目を見ると，3列目の数を1行目から順にある数まで足していくと，その数のすぐ右にある数と等しくなっている。$1\times2+2\times3+3\times4+4\times5+5\times6+6\times7+7\times8$は，3列目の数を1行目から順に7行目まで足した数と等しくなるから，4列目の7行目の数と等しいので，$\dfrac{n(n+1)(n+2)}{3}$にn＝7を代入した値となる。

$\dfrac{n(n+1)(n+2)}{3}-\dfrac{n(n+1)}{2}=\dfrac{2\times n(n+1)(n+2)-3\times n(n+1)}{6}=\dfrac{n(n+1)\{2(n+2)-3\}}{6}=\dfrac{n(n+1)(2n+1)}{6}$となるから，X＝2n＋1

英語解答

1　1．エ　2．ア　3．イ　4．ウ　5．ア

2　1．エ　2．ウ　3．エ　4．イ　5．ア

3　［3番目／5番目］　1．［オ／ウ］　2．［イ／カ］　3．［エ／オ］　4．［エ／イ］　5．［ア／カ］

4　問1．(1)エ　(2)ア　(3)ウ　(4)イ　(5)イ　(6)ウ　問2．(1)エ　(2)オ

5　A．問1．ア　問2．(1)ウ　(2)イ

B．問1．エ　問2．ウ

6　問1．ア　問2．ウ　問3．イ　問4．イ　問5．ウ　問6．ア　問7．ア

英語解説

1　**1**　エが適切。「2月21日」のように特定の日付は“on＋月＋日”で表す。下の文はFebruary 21＝Ms. Yoneda's birthdayで，主語が単数，時制が現在だから，isが適切。　・be born「生まれる」

2　アが適切。上の文意，下の文意ともに「私たちは明日釣りに行くつもりだ」を表す。　・be going to ～「～するつもりだ」…近い未来のことを表す。　・plan to ～「～するつもりである」

3　イが適切。上の文意「ジョンは数学も理科も両方とも好きだ」，下の文意「ジョンは数学だけではなく理科も好きだ」。　・both A and B「AとBの両方とも」　・not only A but also B「AだけでなくBもまた」

4　ウが適切。上の文意「私はたいてい朝7時に起床する」，下の文意「私はほぼ毎日7時に起床する」。

・usually「たいてい／通常」　・almost every ～「ほとんど～」

5　アが適切。上の文意，下の文意ともに「ケンはとても力が強いので，重い箱を運ぶことができる」を表す。

・so … that ～「とても…なので～」

2　1　A「アン，あなたは何のスポーツをしますか？」→B「私はテニスとサッカーをします。1か月に2回，ジョギングにも行きます」→A「どれが1番好きですか？」→B「エ私はテニスが1番好きです。毎週日曜日に父とテニスをします」の流れ。　・like ～ the best「～が1番好きだ」

2　A「アツシ，夕食をありがとうございます。このカレーをとても気に入りました。どんな肉が入っているのですか？」→B「おお，それが気に入りましたか？実は牛肉や豚肉は一切使っていません。ウカレーに使ったのは豆なんです」→A「本当ですか？肉を使ったと思っていました」の流れ。

3　A「私は今日，エイミーの誕生日プレゼントを買いに行くつもりです」→B「おお！そのことを忘れていました！エ一緒に行ってもいいですか？」→A「いいですよ。今日の午後はどうですか？」→B「承知しました。2時に待ち合わせしましょう」の流れ。　・Can I ～「～してもいいですか？」…相手に許可を求める文。

4　A「あなたは外国に行ったことがありますか？」→B「いいえ。実は1度も行ったことがないんです」→A「なるほど。イ将来，どの国を訪れてみたいですか？」→B「イタリアに行ってみたいです」の流れ。〈Have/Has＋主語＋ever＋過去分詞 ～?〉「今までに～したことがありますか？」現在完了“経験”の疑問文。

5　A「ジョーンズ先生が来月，オーストラリアに帰国することを聞きましたか？」→B「いいえ，聞いていません。なぜそんなに突然，帰国してしまうのでしょうか？」→A「先生のお母さんが入院しているんです。先生はお母さんの世話をするつもりです」→B「それは気の毒ですね。ア先生のために私たちに何かできることがあるでしょうか？」の流れ。

3　1　Then, let's find out whose key it is.：文意「じゃあ，それが誰のカギか，調べてみましょう」…文中に疑問詞を含む間接疑問の文では，疑問詞の後ろは肯定文の語順になる。　・find out「調べる」

2　Please help me with the homework if you are free tonight!：文意「もしあなたが暇なら，今夜，宿題を手伝ってください」　・help＋人＋with＋こと/もの「(人)の(こと／もの)を手伝う」

3　Meat prices have been increasing for more than a year.：文意「肉の価格が1年間以上，値上がりし続けている」　・have/has been ～ing「ずっと～し続けている」現在完了進行形の文。

4　It is the place that I want to visit the most.：文意「それは私が最も訪れたい場所です」…It＝the new restaurant　that は関係代名詞。

5　My reason for going there is to improve my English skills.：文意「そこに行きたい理由は，私の英語のスキルを上達させたいからです」　・My reason for ～ing「私が～する理由は」

4　【本文の要約】参照。

問2　(1)「すること，あるいは理解することが簡単ではない」＝エ．difficult「難しい」

(2)「価値の高い，役に立つ，あるいはなくてはならない」＝オ．important「重要な」

【本文の要約】

QR コードは，ウェブサイトのような異なるタイプの(1)エ情報(＝information)を保持できる特別なバーコードです。QR コードは，従来のバーコードでは不十分だったため，1994 年に作成されました。従来のバーコードは 20 文字しか保持できず，一方向からスキャンされるだけです。しかし，QR コードはより多くの文字を保持でき，(2)アどの方向(＝any direction)からもスキャンすることができます。QR コードはより高速にスキャンできるためより便利です。QR コードを最初に使用したのは自動車産業の会社で，車を製造する際に使われました。その後，QR コードは広告で人気を博し，その結果，企業は顧客とつながり，顧客を自分のウェブサイトに誘導する方法として，看板や雑誌でそれらを使用し

(3)ウ 始めました（＝started）。

当初，多くの人は QR コードやその使い方を知りませんでした。また，当時はスキャナーの性能があまり良くなかったため，コードをスキャンするのは困難でした。(4)イ それ以降（＝Since then），QR コードは多くの点で改善され，そして今では，スマートフォンを使ってそれらをスキャンすることがとても(5)イ 簡単です（＝easy）。QR コードは現在，様々な方法で使用されています。それらはモバイル決済サービスによく使用されます。顧客は商品やサービスの(6)ウ 対価を支払う（＝pay）のに，店でコードをスキャンするだけで済みます。

QR コードは自動車産業で始まりましたが，今ではチケットやモバイル決済のようなものに使います。それらは私たちの日常生活の重要な一部分になっています。おそらくこれからも変化し続け，私たちは様々な新しい使い方で活用することでしょう。

5 【本文の要約】参照。

A　問1　アが適切。（A）第２段落３行目と表１より，Aはアメリカ。（B）第２段落３～４行目と表１より，労働時間がアメリカより約 100 時間少ないから，Bはカナダ。（C）第２段落４行目と表１より，アメリカとカナダの下の位置を占めるCはイタリア。

問２(1)「（D）の値は（　　　）」…（D）は日本の労働時間。第２段落２～３行目と表１より，日本の労働時間は 1915《韓国の労働時間》 ×0.84＝1608.6 だから，ウが適切。

(2)「ＯＥＣＤ加盟国の年間平均労働時間の値は（　　　）」…第２段落５～６行目と表１より，1730《ニュージーランドの年間平均労働時間》 と 1694《オーストラリアの年間平均労働時間》 の間だから，イの 1716 が適切。

【A　本文の要約】

日本人は他の国の人々よりもずっと長く働いている，と多くの人々がしばしば言います。しかしながら，2021 年の調査結果によると，状況は変化しています。その調査はＯＥＣＤ加盟国で行われました。表１はその調査結果です。

メキシコは，ＯＥＣＤ加盟国の中で年間平均労働時間が最長でした。アジア諸国では，韓国の労働時間が最長でした。問2(1)日本の労働時間は，韓国の労働時間の約 84％でした。問1アメリカは，ニュージーランドよりも上位の位置を占めました。カナダ人は，アメリカ人よりも約 100 時間少なく働き，イタリアはそれらより下位の位置を占めました。年間労働時間が最も短かったのはドイツでした。問2(2)ＯＥＣＤ加盟国の年間平均労働時間は，オーストラリアとニュージーランドの値の中間に位置していました。表１を見ると，日本の年間平均労働時間は世界平均を下回っていることが見て取れます。

B　問1　ケイトの最初の発言より，2010 年は 56％，2013 年は 56－17＝39（％），2016 年と 2019 年は同率，2021 年は 2019 年より 10％高いグラフだから，エが適切。

問２　ジョンとケイトのそれぞれ最後の発言より，September 19「９月 19 日」は「火曜日」。ケイトの３回目の発言より，締め切りは「金曜日」だから，３日後のウ．September 22「９月 22 日」が適切。

【B　本文の要約】

ジョン：有給休暇に関する調査結果はどうでしたか？

ケイト：問1エその結果によると，2010 年は 56％の人が有給休暇を取りましたが，2013 年にはその値が 17 ポイント下がりました。2016 年はその値が回復しました。2016 年と 2019 年の値は同じでした。2021 年の値は，2019 年よりも 10 ポイント高くなりました。

ジョン：ここ数年，結果に大きな変化が見られません。なぜ多くの人が有給休暇を取らないのでしょうか？

ケイト：調査によると，スタッフが足りないため，有給休暇を取得できないそうです。

ジョン：それは興味深いですね。僕はこの調査結果について報告書を書こうと思います。問2ウ僕たちはいつ仕上げなくてはなりませんか？

ケイト：問2ウ次の金曜日までです。

ジョン：じゃあ，問2ウ次の火曜日に原稿をチェックしてもらえますか？

ケイト：問2ウ9月19日のことですね？承知しました。

6 【本文の要約】参照。

問1　アが適切。イ「私にとってエンジニアになることはそれほど重要ではない」，ウ「私は機械を何も使わずに空を飛びたい」は不適切。

問2　直後の so に続くウが適切。ア「私は原料の重要性を理解したくない」，イ「私は中学校に在学中からどんな化粧品も使ったことはない」は不適切。

問3　直後の so に続くイが適切。ア「私は二度と母国に戻らない」，ウ「私は勉強することも，働くことも全く興味がない」は不適切。

問4　直前の but に続くイが適切。ア「その時以来，この会社でエンジニアとして働いている」，ウ「私の子どもたちはみんな中学校を卒業後に働き始めた」は不適切。

問5　ウ「話者の１人は冬休み中に寮を訪れました」が触れられていない情報。ア「エンジニアとして，話者の祖父の１人は機械について話した」…Ａさんの発言。イ「話者の１人は，将来，新しい化粧品を研究したい」…Ｂさんの発言。

問6　ア「私はかつて高専の学生でしたが，その時にはプレゼンテーションコンテストは開催されていませんでした」を選ぶ。イ「私は友達に英語を上手に話す方法を教えてとても嬉しかった」…Ｃさんの発言。ウ「私はいつも化粧品を使うことを楽しんでいるので，プレゼンテーションコンテストで化粧をすることで気分が良くなった」…Ｂさんの発言。

問7　ア「私の娘は東京で冬に開催されたプレゼンテーションコンテストに参加した」が適切。　イ「私はこの２月に開催されたプレゼンテーションコンテストでの娘のプレゼンテーションに驚いた」，ウ「私は約 20 年間，エンジニアとして海外で働いてきているので，英語のプレゼンテーションは得意だ」は，Ｄさんの発言にない内容。

【本文の要約】

A：私は小学生の頃から高専に行きたいと思っていました。私はそこで機械工学を勉強しようと決めていました。というのも祖父がエンジニアで，私は祖父をとても尊敬しているからです。私は高専でロボットコンテストチームのメンバーです。そして祖父が機械について私に語ったことをよく思い出します。私は祖父のようなエンジニアになるために，機械工学についてもっと勉強するべきだと思っています。1ア高専で勉強することは全て，将来，私の人生をより良いものにしてくれるでしょう。

B：私は中学３年生の頃から理科に興味を持ち始め，それから高専に入るために懸命に勉強しました。現在，私は化学学科の高専４年生で，化粧品を使ったり，化粧をしたりすることを楽しんでいます。私は普段使っている化粧品を作るのに使われている原料に興味があります。2ウ良い製品を使いたいという人は多いと信じているので，卒業後は，人を幸せな気持ちにする新しい化粧品を開発したいと思っています。

C：私が高専に来てから２年が経ちました。私は土木工学を学ぶために外国からここに来ました。3イ母国では，都市間を簡単に移動することができないので，エンジニアになり，母国で主要道路や鉄道を建設する大プロジェクトに参加することを望んでいます。高専では，大勢の学生と寮に住んでいて，彼らは今や私の良き友人です。彼らは私

に日本の文化を教えてくれたり，母国では普段英語を話すので日本語を話す練習を手伝ってくれたりします。私は日本が大好きです！

D：私は 20 年ほど前に高専を卒業しましたが，4イ初めての子どもが生まれた時に会社を辞めざるを得なくなりました。仕事を辞めなければならないことは残念でしたが，現在は娘が高専での生活を楽しんでいることを嬉しく思います。娘は東京で冬に開催されるプレゼンテーションコンテストに参加しました。最近では，高専に多くの女子学生がいますし，女性エンジニアも珍しくなくなっています。今では，娘が男性の労働者と同じ機会があることを嬉しく思います。娘の幸せな人生を願っています。

理科解答

1 問1．カ　問2．イ，ウ　問3．ア．5　イ．3　問4．エ　問5．ア，ウ，エ
問6．エ，カ　問7．1．エ　2．エ　問8．ウ

2 問1．①エ　②ア　③カ　問2．①ア　②ウ　③キ　問3．成分…ウ　ヘモグロビン…エ
問4．1．ア．8　イ．8　ウ．9　2．ア

3 問1．(ⅰ)イ　(ⅱ)ア　(ⅲ)ア　問2．①イ　②オ　③キ
問3．1．ア　2．ア．7　イ．3　ウ．4　3．ウ

4 問1．エ　問2．ア．1　イ．4　問3．イ　問4．気体の色…ア　密度…エ　リトマス紙…オ
問5．1．ウ　2．エ

5 問1．(ⅰ)○　(ⅱ)○　(ⅲ)×　問2．ア．1　イ．4　ウ．4　問3．1．キ
2．ア．1　イ．2　3．ア．1　イ．2　ウ．3　4．ア．6　イ．3　ウ．2

6 問1．ア　問2．1．ア　2．ウ　問3．イ　問4．エ　問5．エ　問6．イ

理科解説

1 **問2**　マグマが冷えて固まったことによってできた岩石を火成岩といい，さらに深成岩と火山岩に分けられる。深成岩には白っぽいものから順に，花こう岩，せん緑岩，はんれい岩があり，火山岩には白っぽいものから順に，流紋岩，安山岩，玄武岩がある。

問3　往復にかかった時間は$\frac{20}{8}+\frac{20}{4}=7.5$(時間)だから，往復の平均の速さは$\frac{20\times 2}{7.5}=5.33\cdots$→時速5.3kmである。

問4　斜面を下る運動は速さがだんだん速くなる運動だから，打点の間隔がウやエのようにだんだん広がっていく。斜面の角度を大きくすると，斜面に平行な分力が大きくなるので，図２のときよりも速さの増え方が大きくなり，記録テープでは打点の間隔の増え方が大きくなっていく。よって，エが正答となる。

問6　ゼニゴケなどのコケ植物は種子をつくらず，胞子で仲間をふやす。胞子ができるのは雌株である。また，コケ植物には根，茎，葉の区別がなく，水分はからだ全体で吸収している。根のように見えるｃは仮根である。

問7　**1**　図６より，銅と酸素は一定の質量比で結びつくことがわかる。よって，銅粉の質量を0.8ｇの２倍の1.6ｇにすると，結びつく酸素の質量も0.2ｇの２倍の0.4ｇになり，酸化銅の質量は1.6＋0.4＝2.0(ｇ)になる。

2　銅〔Cu〕，酸素〔O_2〕，酸化銅〔CuO〕のそれぞれを正しい化学式で表し，反応の前後で原子の種類と数が等し

くなるように，それぞれの化学式につける係数を考えればよい。

問８　ＢＴＢ溶液は酸性で黄色，中性で緑色，アルカリ性で青色に変化する。Ｃの水溶液はアルカリ性だから，水酸化ナトリウム水溶液が余っている状態である。塩酸中には水素イオン〔H^+〕と塩化物イオン〔Cl^-〕が数の比１：１で存在し，水酸化ナトリウム水溶液中にはナトリウムイオン〔Na^+〕と水酸化物イオン〔OH^-〕が数の比１：１で存在する。これらを混ぜ合わせると，水素イオンと水酸化物イオンが数の比１：１で結びついて水ができ，塩化物イオンとナトリウムイオンは水溶液中では結びつかずにイオンのまま存在する。よって，水酸化ナトリウム水溶液が余るとき，混ぜ合わせる前のナトリウムイオンと水酸化物イオンの数は，水素イオンと塩化物イオンの数より多く，混ぜ合わせたときに水酸化物イオンの数は減るので，最も多く存在するイオンはナトリウムイオンである。

2　**問１**　デンプンはだ液，すい液，小腸の壁の消化酵素のはたらきを受けてブドウ糖に分解され，タンパク質は胃液，すい液，小腸の壁の消化酵素のはたらきを受けてアミノ酸に分解され，脂肪は胆汁とすい液のはたらきを受けて脂肪酸とモノグリセリドに分解させる。なお，ブドウ糖とアミノ酸は毛細血管に入り，脂肪酸とモノグリセリドは再び脂肪となってリンパ管に入る。

問３　血液の成分には，赤血球，白血球，血小板，血しょうがある。上の層には血しょうだけが含まれているから，赤血球と白血球と血小板はすべて下の層に含まれている。また，ヘモグロビンは赤血球に含まれている。

問４　**１**　図２より，酸素と結びついたヘモグロビンの割合は，酸素濃度が70のときに90%，酸素濃度が30のときに10%である。つまり，肺胞で酸素と結びついていた90%のうち，90－10＝80(%)が酸素をはなしたことになるので，その割合は$\frac{80}{90}\times100=88.88\cdots\rightarrow88.9$%である。　**２**　図３で，酸素と結びついた物質の割合が大きいほど酸素をはなしにくいと考えればよい。　イ×…酸素濃度が80のときは，ミオグロビンのグラフの方が上にある。
ウ×…酸素濃度が低いほど酸素と結びつきやすいとき，グラフは右下がりになる。　エ×…酸素濃度を０から30まで増加させたときの酸素と結びついたものの割合は，ミオグロビンでは約93%増加し，ヘモグロビンでは約10%増加する。

3　**問２**　③太陽の表面温度は約6000℃であるのに対し黒点の温度は約4000℃である。黒点は周囲よりも温度が低いため黒く(暗く)見える。

問３　**２**　地軸が公転面に立てた垂線に対して23.4度傾いているから，図３で，赤道と公転面との間の角度も23.4度であり，公転面と天頂の向きとの間の角度は40－23.4＝16.6(度)である。これと同位角の関係にあるウも16.6度だから，ア＝90－ウ＝73.4(度)となる。　**３**　図２は，北半球が太陽の方向に傾いているから，北半球が夏至のころの地球である。よって，南半球では昼の長さが短い。また，南半球では，太陽が東の地平線からのぼり，北の空で最も高くなった後，西の地平線に沈んでいくから，ウが正答となる。

4　［Ⅰ］で，水に全て溶けたＡとＢとＤは，砂糖か塩化ナトリウムか塩化アンモニウムのいずれかであり，さらに，水溶液に電流が流れたＡとＤは塩化ナトリウムか塩化アンモニウムのどちらか，電流が流れなかったＢは砂糖である。また，水に溶けずに残ったＣとＥは，硫酸バリウムかデンプンのどちらかである。［Ⅱ］より，ＢとＣは有機物であることがわかるからＣはデンプンであり，Ｅは硫酸バリウムである。［Ⅲ］より，水酸化カルシウムと反応して刺激臭のある気体が発生したＤは塩化アンモニウム(発生した気体はアンモニア)だから，Ａは塩化ナトリウムである。

問１　ア○…金属や金属原子を含んだ化合物は分子をつくらない。塩化ナトリウムにはナトリウム原子が含まれている。　イ○…水に溶けてもイオンに分かれない物質を非電解質という。非電解質の水溶液には電流が流れない。
ウ○…ヨウ素液はデンプンに反応して青紫色に変化する。　エ×…塩化アンモニウム〔NH_4Cl〕は炭素を含まない

ので無機物である。　オ○…硫酸と水酸化バリウム水溶液の中和では，硫酸バリウムと水ができる〔H_2SO_4＋$Ba(OH)_2$→$BaSO_4$＋$2H_2O$〕。

問２　〔質量パーセント濃度(%)＝$\frac{溶質の質量(g)}{溶液の質量(g)}$×100〕より，$\frac{10}{10+60}$×100＝14.2…→14%となる。

問３　エタノールは砂糖と同様，非電解質である。

問４　アンモニアは無色でにおいがあり，空気と比べて密度が小さく，水に溶けやすい気体である。また，水に溶けるとアルカリ性を示すので，水でぬらした赤色リトマス紙を青色に変色させる。

問５　**１**　水に溶ける物質の質量は水の質量に比例するので，150ｇの水に溶ける質量は図２の$\frac{150}{100}$＝1.5(倍)である。よって，Ｄは70℃で60×1.5＝90(ｇ)，50℃で50×1.5＝75(ｇ)溶けるから，このとき出てくる結晶は90－75＝15(ｇ)である。　**２**　エ×…１解説と同様に考えると，50ｇの水に溶ける質量は図２の半分になるから，50℃のとき，Ａは約36÷２＝18(ｇ)，Ｄは50÷２＝25(ｇ)まで溶ける。よって，Ａは約30－18＝12(ｇ)，Ｄは30－25＝５(ｇ)溶け残る。

5　**問１**　(ⅰ)○…〔抵抗(Ω)＝$\frac{電圧(V)}{電流(A)}$〕より，$\frac{[電流の大きさ]}{[電圧の大きさ]}$は抵抗値の逆数を表している。抵抗値が大きいほど電流が流れにくいから，抵抗値の逆数が大きいほど，電流は流れやすいと考えられる。　(ⅱ)○…〔電力(W)＝電圧(V)×電流(A)〕，〔熱量(J)＝電力(W)×時間(s)〕より，発熱量は電力と時間に比例し，電力は電圧と電流に比例するから，電圧と時間が一定であれば，発熱量は電流に比例する。　(ⅲ)×…並列つなぎの２つの抵抗には同じ大きさの電圧がかかるから，電流の大きさは抵抗の大きさに反比例する。

問２　100Ｖのコンセントで使用したときの電力が1200Ｗであり，２分間→120秒間だから，問１解説の熱量を求める式より，1200×120＝144000(J)→144kJとなる。

問３　**１**　ＰＱ間の抵抗の大きさをＲ(Ω)とすると，$\frac{1}{R}=\frac{1}{R_1}+\frac{1}{R_2}$が成り立つ。これを変形すると，$\frac{1}{R}=\frac{R_1+R_2}{R_1R_2}$　$R=\frac{R_1R_2}{R_1+R_2}$となる。　**２**　容器に入れた水の量と温度が同じだから，図３の同じ経過時間における温度変化が熱量に比例すると考えてよい。さらに，問１(ⅱ)と同様に，熱量は電流の大きさに比例すると考えてよいので，$I_1:I_2=12:24=1:2$となる。　**３**　〔電力量(J)＝電力(W)×時間(s)〕より，電力量と熱量の求め方は同じである。よって，図３の同じ経過時間における温度変化の比に着目して，$W_1:W_2:W_3=12:24:36=1:2:3$となる。　**４**　電流の大きさは抵抗の大きさに反比例するから，$I_1:I_2=1:2$より，$R_1:R_2=2:1$である。また，図２のＰＱ間(ＡとＢの合成抵抗)とＣを比べると，電流の大きさは等しく，図３より熱量も等しいので，抵抗の大きさも等しい。つまり，Ｃの抵抗の大きさは１のキで表すことができる。よって，$R_1:R_2:R_3=2:1:\frac{2\times1}{2+1}=2:1:\frac{2}{3}=6:3:2$となる。

6　**問１**　ア○…このようなはたらきを温室効果という。

問２　**１**　１年間の平均値が経年増加していることと，１年の中では夏季に減少し，冬季に上昇することから，アが正答となる。　**２**　１のアのグラフの縦軸に着目すると，大気中の二酸化炭素濃度は400ppm付近である。ppmは100万分の１を表すから，400ppmは$\frac{400}{1000000}=\frac{4}{10000}$である。よって，$\frac{4}{10000}$×100＝0.04(%)となる。

問３　イ×…菌類，細菌類は呼吸をすることで有機物を無機物に分解している。

問４　図２の天体は，太陽と地球の間を通っている。太陽と地球の間を通る可能性があるのは，地球の衛星であるア，内惑星であるイとエの３つである。これらのうち，大気の主成分が二酸化炭素であるのはエである。なお，アとイには大気がほとんどない。

問５　１kWhの電気を発電する際に排出される二酸化炭素量が450ｇ→0.45kgだから，5500kWhの電気を発電すると0.45×5500＝2475(kg)の二酸化炭素が排出される。また，１haの杉林が１年→365日で吸収する二酸化炭素の量は

25×365＝9125kgである。よって，$1\times\frac{2475}{9125}$＝0.27…→0.3haとなる。

問6　ペットボトル内の気体が水に溶けるとペットボトル内の気圧が低くなるため，つぶれる。よって，大きく変形したアには水に非常に溶けやすいアンモニア，少しつぶれたイには水に少し溶ける二酸化炭素，水を入れた分だけ膨らんだウには水にほとんど溶けない酸素が入っていたと考えられる。

社会解答

1	問1．イ	問2．イ	問3．オ	問4．エ
2	問1．オ	問2．エ	問3．イ	
3	問1．ウ	問2．ア		
4	問1．ウ	問2．ケ		
5	問1．ウ	問2．エ	問3．ア	
6	問1．ウ	問2．ウ	問3．ア	問4．ア
7	問1．エ	問2．イ	問3．ウ	問4．ア
8	問1．エ	問2．ア	問3．カ	

社会解説

1　**問1**　イ　　Bのインドの首都(ニュー)デリーは，A(ドイツ・ベルリン)，C(中華人民共和国・北京)，D(アメリカ合衆国・ワシントンD.C.)のどの首都より南の低緯度帯に位置しているので，冬の気温は他の３都市より高くなる。気候区分では，冬に雨が少ない温暖冬季少雨気候に分類される。アはC，ウはD，エはA。

問2　イ　　Cの中華人民共和国は，2000 年以降に急激に発展してきた BRICS の１つであり，現在，自動車の生産台数は世界で最も多いから，イと判断する。アはB，ウはA，エはD。

問3　オ　　綿花は繊維工業，原油は石油化学工業をはじめとする多くの工業，鉄鉱石は鉄鋼業に利用される。輸入額上位５か国に注目すると，繊維工業が盛んな国が多いYは綿花である。Xには鉄鉱石が産出されないA(ドイツ)が含まれていること，Zには鉄鉱石を輸出しているB(インド)が含まれていることから，Xが鉄鉱石，Zが原油と判断する。

問4　エ　　Aのドイツは，脱炭素の動きがもっとも顕著で，再生可能エネルギーへの転換も進んでいるので，CO_2総排出量やCO_2一人あたり排出量が減少しているエと判断する。アはC，イはB，ウはD。

2　**問1**　オ　　過疎化が進んでいる青森県は，人口増加率がマイナスのCである。千葉県と滋賀県の総人口を比較した場合，明らかに千葉県の方が多いので，15 歳未満の人口，65 歳以上の人口が圧倒的に多いAが千葉県，少ないBが滋賀県と判断する。

問2　エ　　Aは北海道，沖縄県，東京都とその周辺，大阪府とその周辺が含まれることから第三次産業である。大都市での第三次産業は販売を中心としたサービス業，北海道や沖縄県での第三次産業は観光業が主体となる。Bは東北や四国，九州の県が多いことから，農林水産業の第一次産業である。Cは関東内陸と中京工業地帯の県に多

いことから，製造業を中心とした第二次産業である。

問3　イ　　北海道は雪を目的として冬に訪れる外国人が多いことから，表２で２月の延べ宿泊者数が多いイと判断する。北海道は，日本に居住する人でも宿泊者が多いので，表３からもイと判断できる。アは京都府，ウは山梨県，エは埼玉県。

3 **問1**　ウ　　沿岸部に注目すると，開発されていないＢが最も古いとわかる。また，ＡとＣを比べた場合，Ｃの西側に大平トンネル，田老南ＩＣなどが新たにできていることから，Ｃの方が新しいと判断できる。

問2　ア　　ア．正しい。Ａの「たろう」駅の東側に畑(∨)と針葉樹林(Λ)が見られる。イ．誤り。Ａの「たろう」駅の南に町役場(○)は見られない。ウ．誤り。Ｂの「たろう」駅の南西の河川沿いに果樹園(ȯ)は見られない。エ．誤り。Ｂの「たろう」駅の南東にある山の標高は 93m程度である。オ．誤り。Ｃの「新田老駅」の西に図書館(🕮)は見られない。カ．誤り。スケールバーを利用すると，Ｃの海岸線から 100m以内に神社(⛩)は見られない。

4 **問1**　ウ　　写真はインダス文字である。Ａはナイル川，Ｂはチグリス川・ユーフラテス川，Ｄはガンジス川，Ｅは長江，Ｆは黄河。

問2　ケ　　ナイル川の中・下流域で栄えた文明はエジプト文明である。ナイル川のはんらんによって中・下流域に肥沃な土が堆積したため，古代の歴史家ヘロドトスは，「エジプトはナイルのたまもの」と呼んだ。ａはギリシャ文明，ｂはインダス文明，ｄはメソポタミア文明。

5 **問1**　ウ　　米の収穫高を石で表したのは太閤検地からである。Ａは律令の時代の班田収授による租，Ｂは太閤検地，Ｃは地租改正(明治時代)。

問2　エ　　ア，イ，ウはいずれも江戸幕府に関する説明，エは室町幕府に関する説明である。

問3　ア　　朝廷や国司は，貴族や寺社の所有地である荘園を認めるようになり，国司が立ち入りできない不入の権や，税を納めなくてよい不輸の権などが認められた荘園も多かった。

6 **問1**　ウ　　平塚らいてうが，雑誌『青鞜』を創刊する際に寄せた文である。市川房枝は，平塚らいてうらとともに，新婦人協会を設立し，女性の権利獲得に尽力した婦人運動家。与謝野晶子は，日露戦争に出征した弟の身を案じて『君死にたまふことなかれ』を発表した詩人。津田梅子は，岩倉使節団とともに渡米し，帰国後に女子英学塾(現在の津田塾大学)を創設した教育家。

問2　ウ　　米騒動の責任を取って寺内正毅内閣が総辞職すると，平民宰相と呼ばれた原敬が本格的な政党内閣を組織した。

問3　ア　　全国水平社が組織された 1922 年は，ソビエト社会主義共和国連邦が成立した年でもある。イは 1945 年，ウは 1902 年，エは 1933 年。

問4　ア　　『青鞜』の創刊(1911 年)→米騒動(1918 年)→水平社宣言(1922 年)

7 **問1**　エ　　経済活動の自由には，居住・移転および職業選択の自由，財産権の保障がある。アの表現の自由は精神活動の自由，イの信教の自由は精神活動の自由，ウのプライバシーの権利は憲法に規定のない新しい人権。

問2　イ　　ア．誤り。男性の育児休暇取得率は微増しただけで，男女間の取得率の差はいまだに大きい。ウ．誤り。アイヌ文化振興法では，アイヌ文化を尊重することが認められた。同化政策は，アイヌ民族を日本に組み込ませようとする政策で，明治時代に行われた。エ．誤り。性別を理由として募集や採用の機会を制限することが禁じられるようになったのは，男女雇用機会均等法の成立による。

問3　ウ　　ａ．誤り。日本国憲法の「すべて国民は，健康で文化的な最低限度の生活を営む権利」は生存権(社会権)であり，経済活動の自由ではない。ｂ．正しい。

8 **問1**　エ　　納める人と負担する人が同じ直接税と，納める人と負担する人が異なる間接税があり，関税，ガソリン(揮発油)税，消費税はいずれも間接税に分類される。

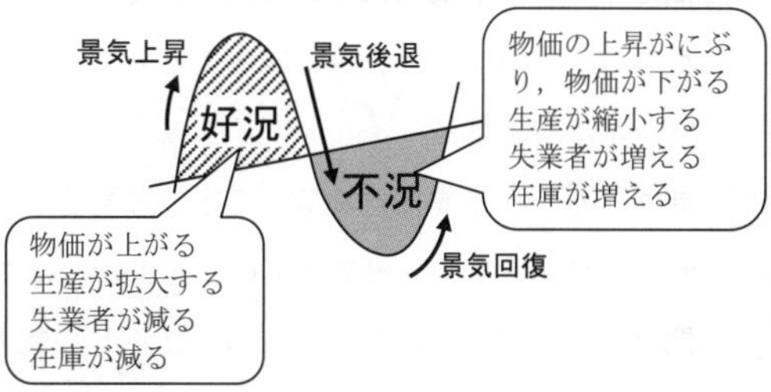

問2　ア　　事例は，景気が落ち込み始めたときに見られる現象である。

問3　カ　　A.「国の仕事を減らす」→小さな政府　B.「国が企業を支える積極的な手立て」→国の経済成長を優先する　C.「所得の高い人から税金を多く集め，所得の低い人の生活を支える」→富の再分配，国民の経済格差の改善

令和6年度入学者選抜学力検査本試験問

氏名を記入しなさい。

氏名	

受験番号の数字を記入し，受験番号と一致したマーク部分を塗りつぶしなさい。

受験番号							
百万位	十万位		万位	千位	百位	十位	一位
		―					
上の受験番号に一致させて下のマーク部分を塗りつぶしなさい。							
⓪	⓪		⓪	⓪	⓪	⓪	⓪
①	①		①	①	①	①	①
②	②		②	②	②	②	②
③	③		③	③	③	③	③
④	④		④	④	④	④	④
⑤	⑤		⑤	⑤	⑤	⑤	⑤
⑥	⑥		⑥	⑥	⑥	⑥	⑥
⑦	⑦		⑦	⑦	⑦	⑦	⑦
⑧	⑧		⑧	⑧	⑧	⑧	⑧
⑨	⑨		⑨	⑨	⑨	⑨	⑨

注意事項

1　解答には，必ず**HBの黒鉛筆**を使用し，「マーク部分塗りつぶしの見本」のとおりに◯を塗りつぶすこと。

2　解答を訂正するときは，きれいに消して，消しくずを残さないこと。

3　指定された欄以外を塗りつぶしたり，文字を記入したりしないこと。

4　汚したり，折り曲げたりしないこと。

マーク部分塗りつぶしの見本					
良い例	悪い例				
●	レ点	棒	薄い	はみ出し	丸囲み

解答欄

1	問1
	問2
	問3
	問4
2	問1
	問2
	問3
3	問1
	問2
4	問1
	問2
5	問1
	問2
	問3
6	問1
	問2
	問3
	問4

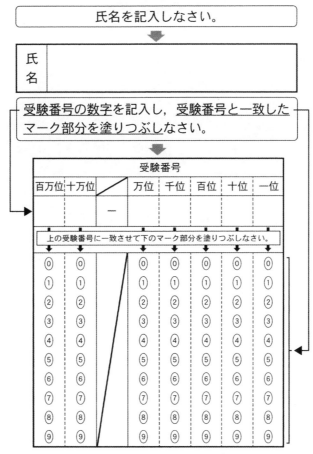

5	問１	(i)		◎	⊗								
		(ii)		◎	⊗								
		(iii)		◎	⊗								
	問２	ア		⓪	①	②	③	④	⑤	⑥	⑦	⑧	⑨
		イ		⓪	①	②	③	④	⑤	⑥	⑦	⑧	⑨
		ウ		⓪	①	②	③	④	⑤	⑥	⑦	⑧	⑨
	問３	1		㋐	㋑	㋒	㋓	㋔	㋕	㋖			
		2	ア	⓪	①	②	③	④	⑤	⑥	⑦	⑧	⑨
			イ	⓪	①	②	③	④	⑤	⑥	⑦	⑧	⑨
		3	ア	⓪	①	②	③	④	⑤	⑥	⑦	⑧	⑨
			イ	⓪	①	②	③	④	⑤	⑥	⑦	⑧	⑨
			ウ	⓪	①	②	③	④	⑤	⑥	⑦	⑧	⑨
		4	ア	⓪	①	②	③	④	⑤	⑥	⑦	⑧	⑨
			イ	⓪	①	②	③	④	⑤	⑥	⑦	⑧	⑨
			ウ	⓪	①	②	③	④	⑤	⑥	⑦	⑧	⑨

6	問１		㋐	㋑	㋒	㋓		
	問２	1	㋐	㋑	㋒	㋓		
		2	㋐	㋑	㋒	㋓		
	問３		㋐	㋑	㋒	㋓		
	問４		㋐	㋑	㋒	㋓		
	問５		㋐	㋑	㋒	㋓	㋔	㋕
	問６		㋐	㋑	㋒			

完答３点　問２．完答３点　問３．１．３点　２．完答３点　３．４点

点　問２．完答３点　問３．２点　問４．１点×３　問５．３点×２

点×３　問２．完答２点　問３．１．２点　２．完答３点　３．完答３点　４．完答３点

点　問２．１．３点　２．２点　問３．３点　問４．２点　問５．３点　問６．２点

令和６年度入学者選抜学力検査本試験問

氏名を記入しなさい。

氏名	

受験番号の数字を記入し，受験番号と一致したマーク部分を塗りつぶしなさい。

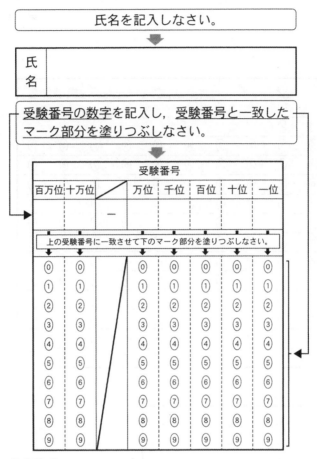

受験番号							
百万位	十万位		万位	千位	百位	十位	一位
		－					
上の受験番号に一致させて下のマーク部分を塗りつぶしなさい。							
⓪	⓪		⓪	⓪	⓪	⓪	⓪
①	①		①	①	①	①	①
②	②		②	②	②	②	②
③	③		③	③	③	③	③
④	④		④	④	④	④	④
⑤	⑤		⑤	⑤	⑤	⑤	⑤
⑥	⑥		⑥	⑥	⑥	⑥	⑥
⑦	⑦		⑦	⑦	⑦	⑦	⑦
⑧	⑧		⑧	⑧	⑧	⑧	⑧
⑨	⑨		⑨	⑨	⑨	⑨	⑨

注意事項

1　解答には，必ず**ＨＢの黒鉛筆**を使用し，「マーク部分塗りつぶしの見本」を参考に◯を塗りつぶすこと。

2　解答を訂正するときは，きれいに消して，消しくずを残さないこと。

3　数値を解答する場合の解答方法は，問題用紙の注意事項を確認すること。

4　指定された欄以外を塗りつぶしたり，文字を記入したりしないこと。

5　汚したり，折り曲げたりしないこと。

マーク部分塗りつぶしの見本					
良い例	悪い例				
●	レ点	棒	薄い	はみ出し	丸囲み

1　問１．２点　問２．完
問６．完答２点　問７

2　問１．完答３点　問２

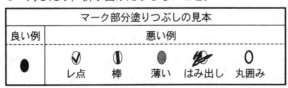

令和6年度入学者選抜学力検査本試験問

氏名を記入しなさい。

氏名	

受験番号の数字を記入し，受験番号と一致したマーク部分を塗りつぶしなさい。

受験番号							
百万位	十万位		万位	千位	百位	十位	一位
		—					

上の受験番号に一致させて下のマーク部分を塗りつぶしなさい。

百万位	十万位		万位	千位	百位	十位	一位
⓪	⓪		⓪	⓪	⓪	⓪	⓪
①	①		①	①	①	①	①
②	②		②	②	②	②	②
③	③		③	③	③	③	③
④	④		④	④	④	④	④
⑤	⑤		⑤	⑤	⑤	⑤	⑤
⑥	⑥		⑥	⑥	⑥	⑥	⑥
⑦	⑦		⑦	⑦	⑦	⑦	⑦
⑧	⑧		⑧	⑧	⑧	⑧	⑧
⑨	⑨		⑨	⑨	⑨	⑨	⑨

注意事項

1　解答には，必ず**HBの黒鉛筆**を使用し，「マーク部分塗りつぶしの見本」を参考に◯を塗りつぶすこと。

2　解答を訂正するときは，きれいに消して，消しくずを残さないこと。

3　指定された欄以外を塗りつぶしたり，文字を記入したりしないこと。

4　汚したり，折り曲げたりしないこと。

マーク部分塗りつぶしの見本					
良い例	悪い例				
●	レ点	棒	薄い	はみ出し	丸囲み

解　答　欄

1	1	
	2	
	3	
	4	
	5	

2	1	
	2	
	3	
	4	
	5	

3	1	3番目	
		5番目	
	2	3番目	
		5番目	
	3	3番目	
		5番目	
	4	3番目	
		5番目	
	5	3番目	
		5番目	

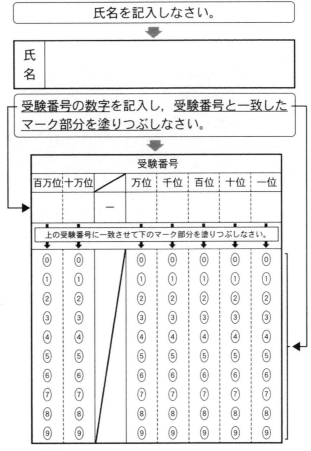

⑷コ．４点　サシス．完答４点

完答１点　キ．２点　ク．２点　ケ．２点　コ．３点　サ．４点　シス．完答４点

令和６年度入学者選抜学力検査本試験問

氏名を記入しなさい。

氏名	

受験番号の数字を記入し，受験番号と一致したマーク部分を塗りつぶしなさい。

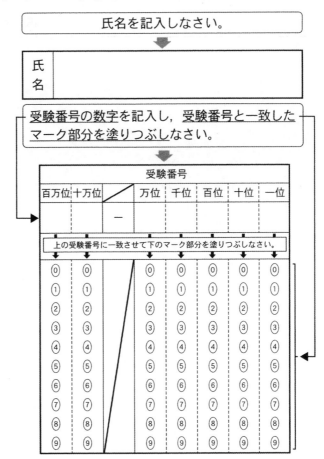

受験番号							
百万位	十万位		万位	千位	百位	十位	一位
		−					
上の受験番号に一致させて下のマーク部分を塗りつぶしなさい。							
⓪	⓪		⓪	⓪	⓪	⓪	⓪
①	①		①	①	①	①	①
②	②		②	②	②	②	②
③	③		③	③	③	③	③
④	④		④	④	④	④	④
⑤	⑤		⑤	⑤	⑤	⑤	⑤
⑥	⑥		⑥	⑥	⑥	⑥	⑥
⑦	⑦		⑦	⑦	⑦	⑦	⑦
⑧	⑧		⑧	⑧	⑧	⑧	⑧
⑨	⑨		⑨	⑨	⑨	⑨	⑨

注意事項

1　解答には，必ず**ＨＢの黒鉛筆**を使用し，「マーク部分塗りつぶしの見本」を参考に○を塗りつぶすこと。

2　解答を訂正するときは，きれいに消して，消しくずを残さないこと。

3　求めた値に該当する符号や数値の箇所のマーク部分を塗りつぶすこと。具体的な解答方法は，問題用紙の注意事項を確認すること。

4　指定された欄以外を塗りつぶしたり，文字を記入したりしないこと。

5　汚したり，折り曲げたりしないこと。

マーク部分塗りつぶしの見本					
良い例	悪い例				
●	レ点	棒	薄い	はみ出し	丸囲み

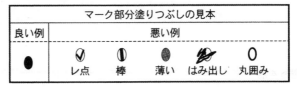

令和6年度入学者選抜学力検査本試験問

氏名を記入しなさい。

氏名	

受験番号の数字を記入し，受験番号と一致したマーク部分を塗りつぶしなさい。

受験番号							
百万位	十万位		万位	千位	百位	十位	一位
		―					

上の受験番号に一致させて下のマーク部分を塗りつぶしなさい。

百万位	十万位		万位	千位	百位	十位	一位
0	0		0	0	0	0	0
1	1		1	1	1	1	1
2	2		2	2	2	2	2
3	3		3	3	3	3	3
4	4		4	4	4	4	4
5	5		5	5	5	5	5
6	6		6	6	6	6	6
7	7		7	7	7	7	7
8	8		8	8	8	8	8
9	9		9	9	9	9	9

注意事項

1　解答には，必ず**HBの黒鉛筆**を使用し，「マーク部分塗りつぶしの見本」のとおりに◯を塗りつぶすこと。

2　解答を訂正するときは，きれいに消して，消しくずを残さないこと。

3　指定された欄以外を塗りつぶしたり，文字を記入したりしないこと。

4　汚したり，折り曲げたりしないこと。

マーク部分塗りつぶしの見本					
良い例	悪い例				
●	レ点	棒	薄い	はみ出し	丸囲み

解　答　欄

1	問1	①	
		②	
		③	
		④	
	問2		
	問3		
	問4		
	問5		
	問6		
	問7		
	問8		

2	問1	①	
		②	
		③	
	問2	(a)	
		(b)	
	問3		
	問4		
	問5		
	問6		
	問7		
	問8		
	問9		

1　問1. 2点×4

2　問1. 2点×3

問8. 4点　問9

3　問1. 2点×2

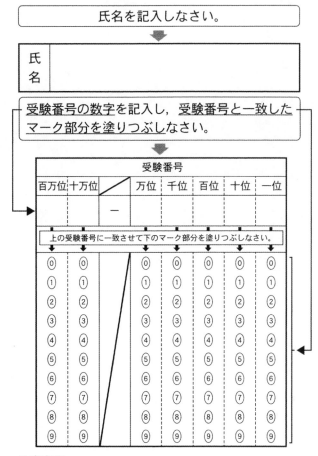

問2　ケンタさんは，特に興味をもった**資料1**についてさらに調べてみることにした。**資料1**のような帳簿が使われた時代の幕府に関する説明として<u>誤っているもの</u>を，次の**ア**から**エ**のうちから一つ選べ。

ア　幕府はキリスト教の禁止を徹底するため，ポルトガル船の来港を禁止し，次いで平戸のオランダ商館を長崎の出島に移した。

イ　8代目の将軍は，質素・倹約を命じて幕府の財政立て直しに取り組んだほか，民衆の意見を取り入れるために江戸に目安箱を設置した。

ウ　幕府の政策を批判する人々をきびしく弾圧した大老井《い》伊《い》直弼《なおすけ》が，江戸城に向かう途中で水戸藩の元藩士らによって暗殺された。

エ　幕府には将軍の補佐役として管領が置かれ，細川氏や畠山《はたけやま》氏などの有力な守護大名が任命された。

問3　発表を終えたケンタさんは，事後学習として，気になったことがらを調べて**メモ**を作成した。次の**メモ**中の［　①　］と［　②　］に入る語句の組み合わせとして正しいものを，下の**ア**から**エ**のうちから一つ選べ。

メモ

地方は国・郡・［　①　］に分けられ，国ごとに都から派遣されてきた国司が，地方の豪族から任命される郡司らを指揮して人々を治めた。しかし，10世紀後半になると，国司の役割は［　②　］から徴収した税を朝廷に納めることが中心になっていった。国司のなかには，自分では任命された国に行かないで代理人を送る者や，税をきびしく取り立てて自分の収入を増やす者などが増えていき，地方の政治はしだいに乱れていった。

ア　①－里　　②－公領　　　　**イ**　①－惣村　　②－公領

ウ　①－里　　②－荘園　　　　**エ**　①－惣村　　②－荘園

6 次の資料１から資料３は，第一次世界大戦から第二次世界大戦の間におこった社会運動に関連する資料である。資料１から資料３を見て，問１から問４までの各問いに答えよ。

資料１

資料２

（新聞記事）

お詫び：著作権上の都合により，掲載しておりません。ご不便をおかけし，誠に申し訳ございません。　教英出版

米《こめ》の騷動《さうどう》
各地《かくち》に勃發《ぼつぱつ》す
▽富山の騷動益烈しく
▽警察部長遂に出動す
—關西方面にも波及

資料３

※資料中の演台に立つ人物は，大会で演説する山田孝野次郎少年である。

問１　資料１は，女性を社会的な差別から解放し，その地位を高めようとして明治末期に発刊された雑誌の創刊号の表紙である。この創刊号に次の文章を寄せた人物を，下のアからエのうちから一つ選べ。なお，文章は現代語に訳し，わかりやすくするために一部を補足したり省略したりしてある。

> 元始，女性は実に太陽であった。真正の人であった。今，女性は月である。他によって生き，他の光によってかがやく，病人のように青白い顔の月である。私たちはかくされてしまった我が太陽を今や取りもどさなくてはならない。

ア　市川房枝　　イ　与謝野晶子　　ウ　平塚らいてう　　エ　津田梅子

問２　資料２は，富山県の漁村の女性たちが米の県外積み出しに反対し，安売りすることを要求したことからおこった騒動《そうどう》についての記事である。この騒動は，日本のシベリア出兵をきっかけとして米の値段が急上昇したことが原因であった。この騒動によって生じた政治的変化を，次のアからエのうちから一つ選べ。

ア　伊藤博文が自ら立憲政友会の結成に乗り出した。
イ　立憲政友会の内閣が倒れ，新たに桂太郎内閣が発足した。
ウ　当時の内閣が退陣し，原 敬《たかし》が本格的な政党内閣を組織した。
エ　加藤高明《たかあき》内閣において，治安維持法が成立した。

問３　資料３は，被差別部落の人々が人間としての平等を求めて結成したある団体の大会の写真である。この団体が結成された年におこった出来事として正しいものを，次のアからエのうちから一つ選べ。

ア　ソビエト社会主義共和国連邦（ソ連）が成立した。
イ　アメリカ，イギリス，ソ連の首脳がヤルタで会談した。
ウ　日本とイギリスとの間で日英同盟が結ばれた。
エ　ドイツでは，ナチス（ナチ党，ナチス党）を率いるヒトラーが首相になった。

問４　資料１から資料３の社会運動について，資料１の創刊された年，資料２の騒動がおこった年，資料３の団体が結成された年を年代の古い順に並べ直したとき正しいものを，次のアからカのうちから一つ選べ。

ア　資料１→資料２→資料３　　イ　資料１→資料３→資料２　　ウ　資料２→資料１→資料３
エ　資料２→資料３→資料１　　オ　資料３→資料１→資料２　　カ　資料３→資料２→資料１

7　次の**資料1**は，ハルカさんが授業で調べた，人権に関する裁判の判決の内容である。**資料1**を読み，問1から問4までの各問いに答えよ。

資料1

憲法第19条※の規定は，同じ憲法第3章※※のその他の(1)自由権の保障についての規定と同じく，国または地方公共団体の政治に対して個人の基本的な自由と(2)平等を保障する目的をもっており，特に国または地方公共団体の関係を規律するものであり，個人と個人の相互の関係を直接規律することを想定しているのではない。このことは，(3)基本的人権という観念の成立および発展の歴史が示していることであるし，また，憲法の人権保障の規定の形式や内容をみても明らかである。

※　日本国憲法の条文「思想及び良心の自由は，これを侵してはならない」。

※※日本国憲法のうち，第10条から第40条までの，国民の権利と義務が書かれた箇所。

問1　下線部(1)に関して，自由権のうち「経済活動の自由」が争点となった裁判の説明として正しいものを，次のアからエのうちから一つ選べ。

ア　学校で使用する教科書を文部省（現在の文部科学省）が検定する制度は，憲法の禁じる検閲《けんえつ》にあたるとして訴えた裁判。

イ　建築工事の安全祈願のための儀式をおこなうにあたり，市が神社に公費を支出したことが政教分離の原則に反するとして，市が訴えられた裁判。

ウ　小説のモデルが特定の人物だとわかってしまうことはプライバシーの侵害だとして，その小説の出版の取り消しを求めて訴えた裁判。

エ　薬局の開設にあたって，別の薬局からの距離が一定以上でなければならないという制約があるのは職業選択の自由に反すると訴えた裁判。

問2　下線部(2)に関して，現在の日本における，さまざまな人々の平等を実現するための対策や現状の説明として正しいものを，次のアからエのうちから一つ選べ。

ア　育児・介護休業法が制定され，男性の育児休暇取得率は大幅に上昇し，現在では男女間で取得率の差は見られなくなっている。

イ　日本における外国人居住者は増加傾向にあり，外国人が不当な差別や不利益を受けないようにする対策が求められている。

ウ　アイヌ文化振興法などが制定され，同化政策を進めることによってアイヌ民族の差別解消が目指されるようになった。

エ　男女共同参画社会基本法によってはじめて，性別を理由として募集や採用の機会を制限することが禁じられるようになった。

問3　下線部(3)に関して，次の**資料2**は，基本的人権の歴史において重要な役割を果たしたワイマール（ヴァイマル）憲法の一部である。**資料2**についての下の**説明文**a，bの正誤の組み合わせとして正しいものを，後のアからエのうちから一つ選べ。

資料2

> 第151条　経済生活の秩序は，すべての者に人間たるに値する生活を保障する目的をもつ正義の原則に適合しなければならない。この限界内で，個人の経済的自由は確保されなければならない。
>
> 第159条　労働条件および経済条件を維持し，かつ，改善するための団結の自由は，各人およびすべての職業について，保障される。

説明文

a　第151条では経済活動の自由の考え方が示されている。これは日本国憲法では，「すべて国民は，健康で文化的な最低限度の生活を営む権利を有する」という条文で保障されている。

b　第159条では労働者の団結の権利が示されている。これは日本国憲法では，団体交渉権，団体行動権とならぶ労働三権の一つとして保障されている。

ア　a－正　b－正　　イ　a－正　b－誤　　ウ　a－誤　b－正　　エ　a－誤　b－誤

問4　**資料1**には，立憲主義の考え方が反映されていると考えられる。**資料1**から読み取ることのできる，立憲主義における憲法の意義として最も適当なものを，次のアからエのうちから一つ選べ。

ア　憲法とは，国または地方公共団体が政治をおこなうあり方を定め，権力の濫用《らんよう》から国民の人権を守るという意義をもつ。

イ　憲法とは，国家権力に反する行動をとる人間を取り締まり，犯罪に対する処罰を明確化するという意義をもつ。

ウ　憲法とは，家族関係や雇用関係など，個人と個人の関係を規制し，人々の日常生活の秩序を保つという意義をもつ。

エ　憲法とは，国または地方公共団体の統治者が国民を統治しやすくするための手段としての意義をもつ。

8 次に示すのは，中学生Ａ，Ｂ，Ｃが市内の若者シンポジウムに参加した時の一場面である。これを読み，問１から問３までの各問いに答えよ。

司会：では次のテーマです。現在わが国では，政府の財政赤字が長年の課題となっています。この課題をどのように解決すればよいでしょうか。まずは参加者のみなさんのご意見をお聞かせ下さい。

Ａ：財政赤字は，政府の収入よりも支出が大きくなることでおこります。だから，政府の支出を減らせば財政赤字は解決できると思います。具体的には，国がおこなう仕事を減らせば，政府の支出も減ります。支出は税金などの収入に見合うようにすべきです。

Ｂ：国の仕事を減らすことには反対です。私たちの生活を支えるために，国がするべきことはたくさんあります。政府の支出に合うように，税金など収入を増やすことで財政赤字を解決するべきです。特に国が企業の努力を促《うなが》して，国全体の経済状況をよくすれば，多くの人から幅広く集められる消費税による収入が増えると思います。

Ｃ：国の仕事を減らさず，税収を増やすことには賛成ですが，原則としてみんなが同じ税率である消費税を増やすと，所得が低い人の負担が大きくなると思います。税金は所得が高い人がなるべく多く負担するべきです。また，(1)企業などが納める法人税を，特に経営状況がよい企業を中心に増やすことも考えられます。

Ｂ：法人税を増やせば，企業の経営が悪化してしまうかもしれません。国としても(2)景気が悪くなるのは避けたいので，国が企業を支える積極的な手立てを考えた方がいいと思います。

Ａ：そうするとやはり，税金を増やす方法自体に問題があります。国の仕事を減らして政府の支出を減らすことが最もよいと思います。

Ｃ：政府でなければ解決できない社会的な課題も多くあり，その仕事まで減らしてしまっては財政赤字以外の課題を解決できません。所得の高い人から税金を多く集め，所得の低い人の生活を支えることも，政府の大切な役割です。

司会：それぞれの立場から発言してもらいました。ではこのあとは，専門家の先生のご意見を聞いて，よりよい解決策をともに考えていくことにしましょう。

問１　下線部(1)に関して，法人税と同様に，納める人と負担する人が同じである税を，次のアからエのうちから一つ選べ。

ア　関税　　イ　ガソリン（揮発油）税　　ウ　消費税　　エ　所得税

問２　下線部(2)に関して，左下の図１は，景気の変動と時間との関係を模式的に表したものである。右下の**事例**の状況がおこっている時期として最も適当なものを，**図１**中の**ア**から**エ**のうちから一つ選べ。

図 1

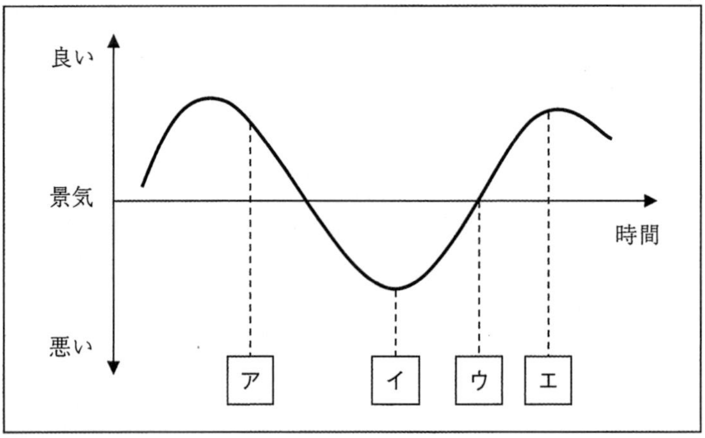

事例

売れ行きが悪くなる商品が出はじめ，商品の在庫が増えはじめる。人々の賃金が徐々に下がりつつあり，企業の倒産や失業者も目立ちはじめる。

問３　次の**図２**は，前ページの場面中でA，B，Cのそれぞれが述べたことを，「国民の経済的格差の改善」，「国の経済成長の進展」，「大きな政府」，「小さな政府」の４つの観点から整理しようとしたものである。A，B，Cのそれぞれが述べたことを，**図２**中のⅠ，Ⅱ，Ⅲのいずれかに当てはめたときの組み合わせとして最も適当なものを，下の**ア**から**カ**のうちから一つ選べ。

図 2

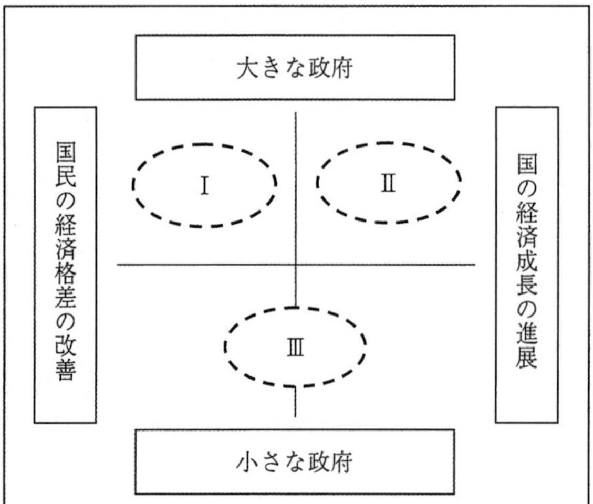

ア　Ⅰ－A　Ⅱ－B　Ⅲ－C　　**イ**　Ⅰ－A　Ⅱ－C　Ⅲ－B

ウ　Ⅰ－B　Ⅱ－A　Ⅲ－C　　**エ**　Ⅰ－B　Ⅱ－C　Ⅲ－A

オ　Ⅰ－C　Ⅱ－A　Ⅲ－B　　**カ**　Ⅰ－C　Ⅱ－B　Ⅲ－A

問３　地球の地軸は，公転面に立てた垂線に対して23.4°傾いていることが知られている。図２は，ある年の６月21日の地球と太陽光の関係を模式的に表した図である。地点Ａは北緯40°で，地点Ｂは南緯40°である。以下の１から３に答えよ。

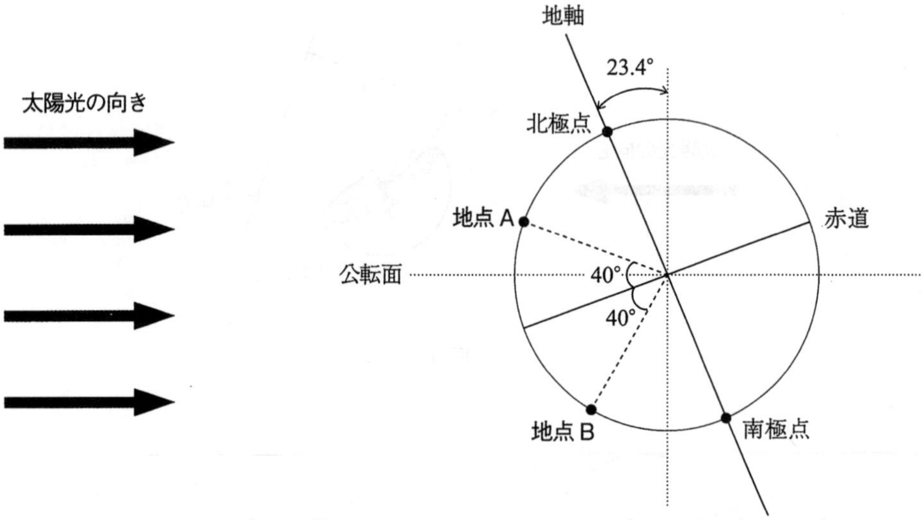

図２

1　図３は，地点Ａに地平線を描き加えたものである。地点Ａにおける南中高度を表しているものとして正しいものを，図中のアからウの中から選べ。

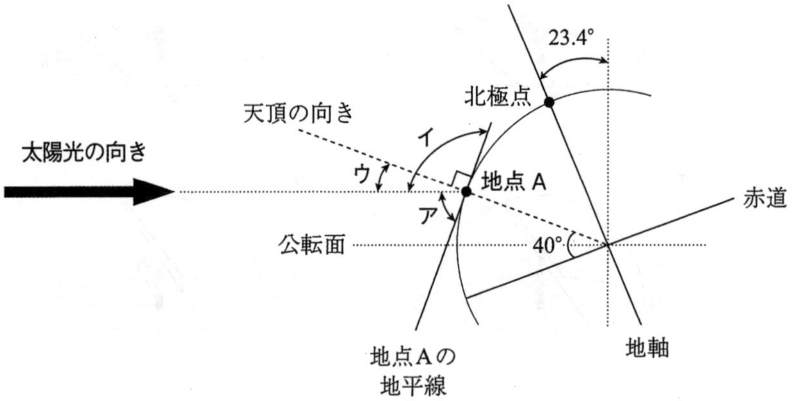

図３

2　地点Ａにおける，この日の太陽の南中高度はいくらか。

アイ．ウ °

3　図４は，図２の地点Ｂに透明半球を置いたものである。この日の太陽の動きを，日の出から日の入りまで記録した図として，最も適当なものを下のアからクの中から選べ。ただし，選択肢中の矢印は太陽が移動する向きを示すものとする。

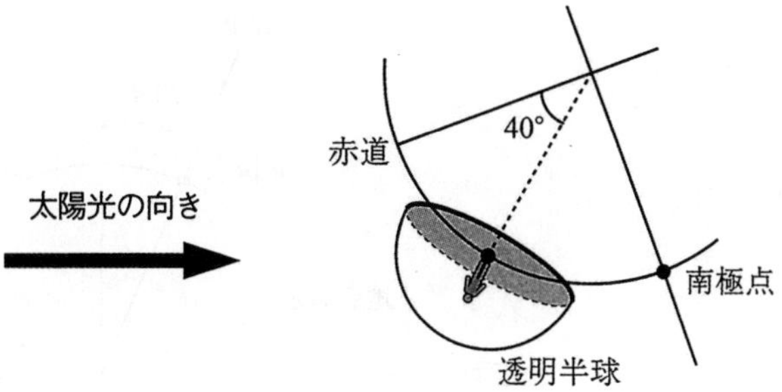

図４

ア

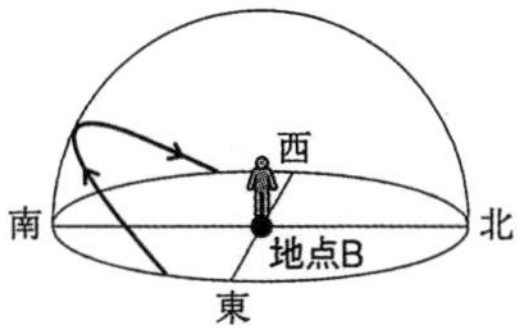

イ

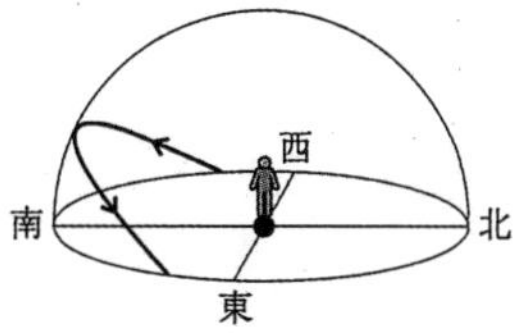

ウ

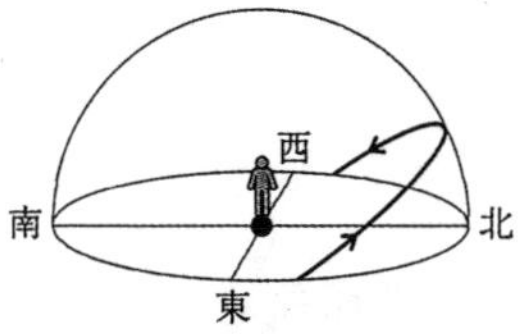

エ

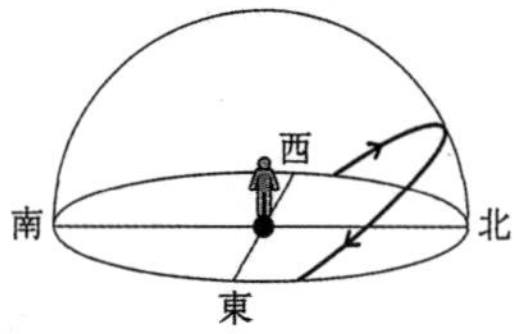

オ

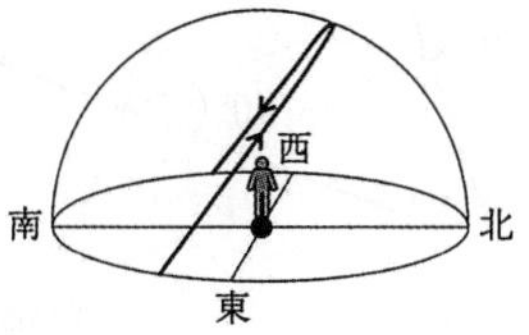

カ

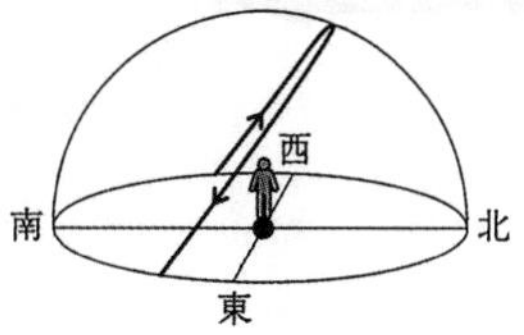

キ

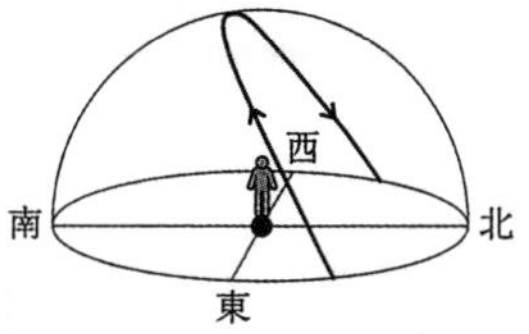

ク

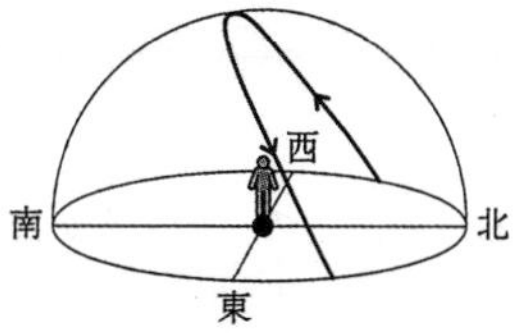

（このページは余白です。）

4 白色固体A，B，C，D，Eは砂糖，塩化ナトリウム，塩化アンモニウム，硫酸バリウム，デンプンのいずれかである。［Ｉ］から［Ⅲ］の実験について，下の問１から問５に答えよ。

［Ｉ］ 異なるビーカーにAからEをそれぞれ10 gずつ入れた。そこに純粋な水（蒸留水）を60 gずつ加えてガラス棒でよくかき混ぜたところ，A，B，Dは全て溶けたが，CとEは溶けずに残った。つづいて，A，B，Dを溶かした水溶液に電流が流れるか調べたところ，AとDの水溶液は電流が流れたが，Bの水溶液は a<u>電流が流れなかった</u>。

［Ⅱ］ アルミニウムはくを巻いた燃焼さじを５つ用意し，AからEをそれぞれ異なる燃焼さじに少量ずつのせてガスバーナーの炎の中で加熱し，図１のように石灰水の入った集気びんに入れた。しばらくして燃焼さじを取り出し，集気びんにふたをしてよく振り混ぜたところ，BとCの燃焼さじを入れた集気びんの石灰水だけ白くにごり，二酸化炭素の存在が確認された。

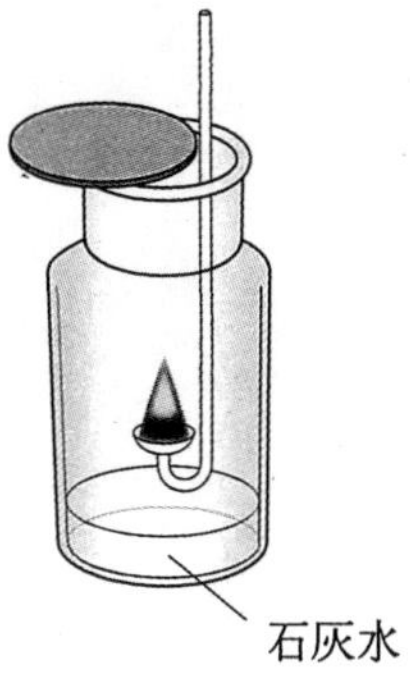

図１

［Ⅲ］ 異なる試験管に少量のAとDをそれぞれ入れ，少量の水酸化カルシウムを加えて混合し，加熱すると，Dの試験管からのみ b<u>刺激臭のある気体が発生した</u>。

問１ AからEに関する記述のうち，<u>誤っているもの</u>を以下のアからオの中から選べ。

ア Aは分子をつくらない化合物である
イ Bは非電解質である
ウ Cにヨウ素液を加えると青紫色になる
エ Dは有機物である
オ Eは硫酸と水酸化バリウム水溶液の中和によって生成する塩である

問２ ［Ｉ］でA，B，Dが溶けた水溶液の質量パーセント濃度を求めよ。

［アイ］%

問３ 下線部aのように，電流が流れにくいものとして最も適当なものを以下のアからエの中から選べ。

ア 塩酸　　イ エタノール水溶液　　ウ 食酢　　エ レモン果汁

問4　下線部bで発生した気体は，Dと水酸化ナトリウムを試験管中で混合し，少量の水を加えた場合にも発生する。この気体の色，密度，この気体に水でぬらしたリトマス紙をかざしたときのリトマス紙の色として適切なものを，以下のアからキの中からそれぞれ選べ。

［気体の色］　ア　無色　イ　黄緑色

［密度］　ウ　空気と比べて密度は大きい　エ　空気と比べて密度は小さい

［リトマス紙］

オ　赤色リトマス紙が青色に変色する　カ　青色リトマス紙が赤色に変色する

キ　赤色リトマス紙も青色リトマス紙も変色しない

問5　図2はAとDの溶解度曲線である。下の1と2に答えよ。

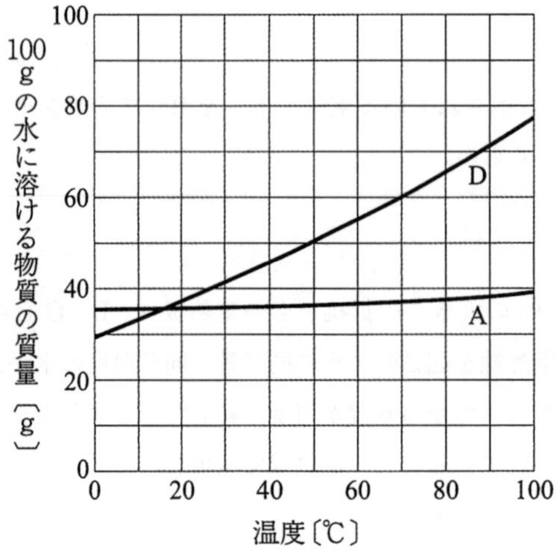

図2

1　Dを70℃の水150 gに溶かして飽和水溶液をつくった。この飽和水溶液を50℃まで冷やしたときに出てくる結晶の質量として，最も適当なものを以下のアからオの中から選べ。

ア　5 g　イ　10 g　ウ　15 g　エ　20 g　オ　25 g

2　図2の溶解度曲線に関する記述のうち，誤っているものを以下のアからエの中から選べ。

ア　0℃における溶解度はDよりもAの方が大きい

イ　70℃におけるAの飽和水溶液100 gとDの飽和水溶液100 gを20℃までゆっくり冷やしたとき，より多くの結晶が出てくるのはDの水溶液である

ウ　50℃におけるAの飽和水溶液100 gとDの飽和水溶液100 gをそれぞれ加熱して水を10 gずつ蒸発させ，再び50℃にすると，どちらの水溶液からも結晶が出てくる

エ　異なるビーカーにAとDをそれぞれ30 gずつはかりとり，水50 gを加えて50℃まで加熱すると，AもDもすべて溶ける

5 以下の問1から問3に答えよ。

問1　抵抗に電流を流したときの(i)から(iii)の説明文において，正しいものは○を，誤っているものは×をそれぞれ選べ。

(i)　$\frac{\text{[電流の大きさ]}}{\text{[電圧の大きさ]}}$ で示される値が大きいほど，電流が流れやすいことを示す

(ii)　電圧が一定の時，一定時間の発熱量は，電流の大きさに比例して大きくなる

(iii)　並列につながれた二つの各抵抗に流れる電流の大きさは，抵抗の大きさに比例する

問2　100 V − 1200 W と表示されている電気ケトルを 100 V のコンセントで2分間使用したときに発生する熱量はいくらか。

[アイウ] kJ

問3　それぞれ R_1，R_2，R_3 の大きさの抵抗をもつ電熱線A，B，Cを用いて図1のような回路を作った。次に，各電熱線を図2のように同じ量・同じ温度の水が入った別々の容器に入れた。図3はスイッチを入れてから水温が何度上昇したかを表したグラフである。ただし，水はゆっくりかき混ぜられているとし，電熱線で発生した熱量はすべて水の温度上昇に使われたものとする。あとの1から4に答えよ。

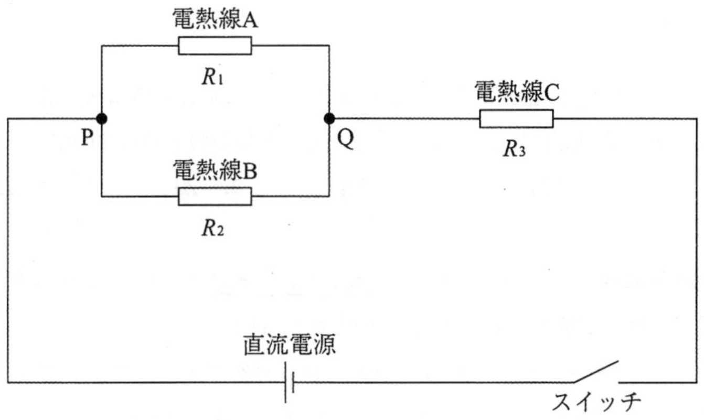

図1

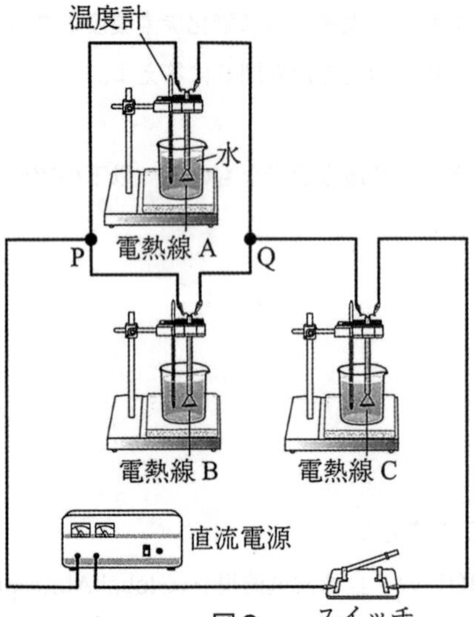

図2

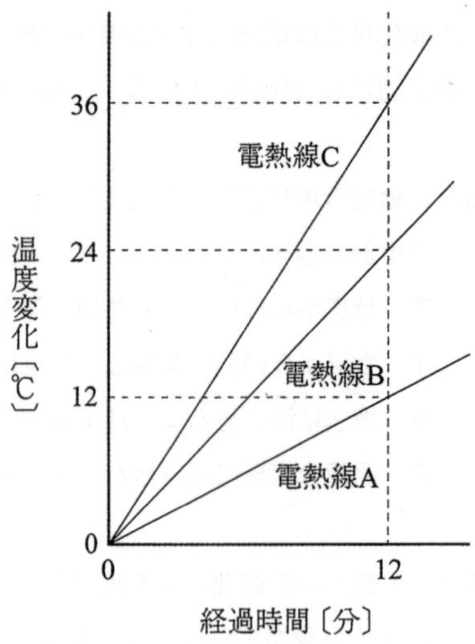

図3

1　PQ 間の抵抗の大きさはいくらか。以下のアからキの中から適切なものを選べ。

ア　R_1+R_2　　イ　$\dfrac{1}{R_1+R_2}$　　ウ　$\dfrac{R_1-R_2}{R_1+R_2}$　　エ　$\dfrac{R_1+R_2}{R_1R_2}$　　オ　$\dfrac{R_1+R_2}{R_1-R_2}$

カ　$\dfrac{R_1+R_2}{R_2-R_1}$　　キ　$\dfrac{R_1R_2}{R_1+R_2}$

2　電熱線 A と電熱線 B に流れる電流の大きさをそれぞれ I_1, I_2 としたとき，これらの比を最も簡単な整数比で表せ。

$I_1 : I_2$ ＝ ［ア］：［イ］

3　電熱線 A，B，C で消費される電力量をそれぞれ W_1，W_2，W_3 としたとき，これらの比を最も簡単な整数比で表せ。

$W_1 : W_2 : W_3$ ＝ ［ア］：［イ］：［ウ］

4　電熱線 A，B，C の抵抗の大きさ R_1，R_2，R_3 の比を最も簡単な整数比で表せ。

$R_1 : R_2 : R_3$ ＝ ［ア］：［イ］：［ウ］

6 二酸化炭素は地球温暖化の要因であると考えられており，大気中の二酸化炭素濃度の増減は人間の活動にも結びついている。二酸化炭素について，以下の問１から問６に答えよ。

問１　地球環境に影響を与える二酸化炭素のはたらきとして最も適当なものを，以下のアからエの中から選べ。

ア　地表から放出される熱の一部を地表に戻す

イ　太陽からの熱を増幅して地表に届ける

ウ　海水に溶け込んで，海水面を上昇させる

エ　北極や南極にある冷たい空気を吸収する

問２　大気中の二酸化炭素濃度に関するあとの１，２に答えよ。

気象庁大気環境観測所では，世界気象機関（WMO）の「全球大気監視」(Global Atmosphere Watch: GAW）計画の一環として，大気中の二酸化炭素濃度を観測している。次の文章は，大気中の二酸化炭素濃度の変化について述べた気象庁のホームページからの引用である。

> 濃度の変化を見ると，２つの大きな特徴があります。
>
> ・１年間の平均値を比較すると，濃度は経年増加している
>
> ・１年の中で周期的な季節変動をする
>
> 大気中二酸化炭素濃度の長期的な濃度増加の要因には，人間活動に伴う化石燃料の消費，セメント生産，森林破壊などの土地利用の変化などが挙げられます。（中略）
>
> 大気中二酸化炭素濃度の季節変動は，主に陸上生物圏の活動によるものであり，夏季に植物の光合成が活発化することにより，二酸化炭素が吸収され大気中濃度が減少し，冬季に植物の呼吸や土壌有機物の分解が優勢となり，二酸化炭素が放出され大気中の濃度が上昇します。

1　日本のある観測地点で観測された二酸化炭素濃度の変化を表したものはどれか。以下のアからエの中から，最も適当なものを選べ。ただし，横軸は2019年の6月から2022年の12月までの各月を表し，縦軸の単位の〔ppm〕とはparts per millionの頭文字で100万分の1を表す。

ア

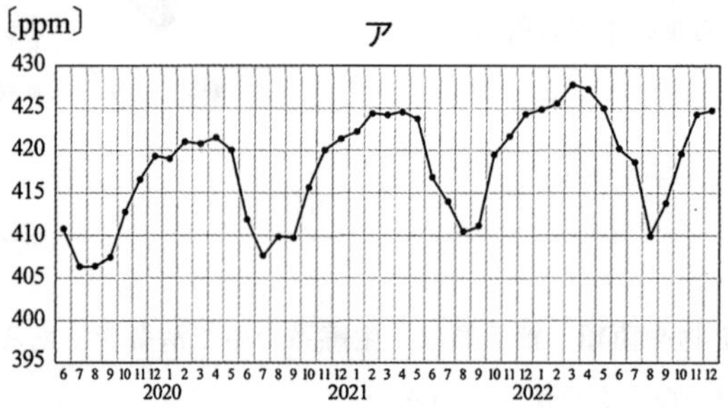

イ

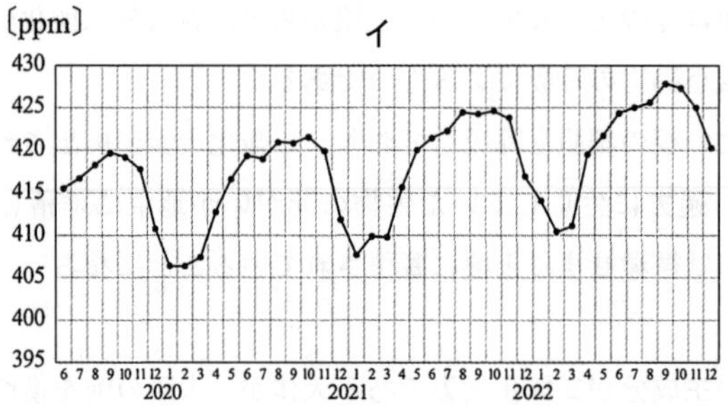

ウ

エ

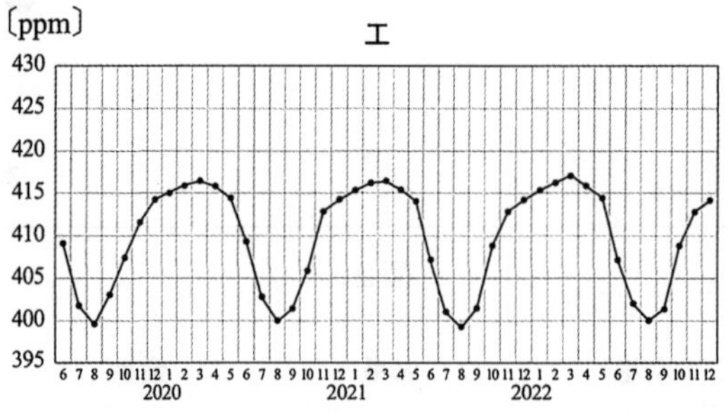

2　現在の大気中の二酸化炭素濃度として最も適当なものを，以下のアからエの中から選べ。

ア　約4％　　イ　約0.4％　　ウ　約0.04％　　エ　約0.004％

問３　**図１**は，地球上の二酸化炭素の循環を表したものである。これより，土壌からの二酸化炭素の排出量が最も多いことがわかる。これに関係する説明文のうち誤りを含むものを，以下のアからエの中から選べ。

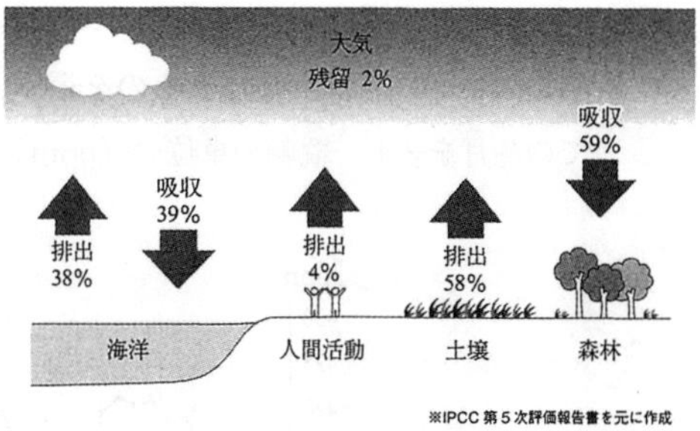

図１

ア　土壌中の小動物や菌類，細菌類は，生態系の中で消費者であるとともに分解者と呼ばれ，生物の死がいなどを分解している

イ　菌類，細菌類は呼吸をしないため，土壌から排出される二酸化炭素の多くはミミズやモグラなどの土壌小動物の呼吸によるものである

ウ　土壌中の植物の根の細胞も呼吸しており，二酸化炭素が排出される

エ　化石燃料は，過去に生息していた生物の死がいが地中に堆積し変化したものであるため，炭素の一部は循環せずに土壌に蓄積されていることになる

問４　**図２**は，大気の主成分が二酸化炭素である天体が，太陽の前を横切る様子を日本で観察した記録である。この天体を下のアからエの中から選べ。

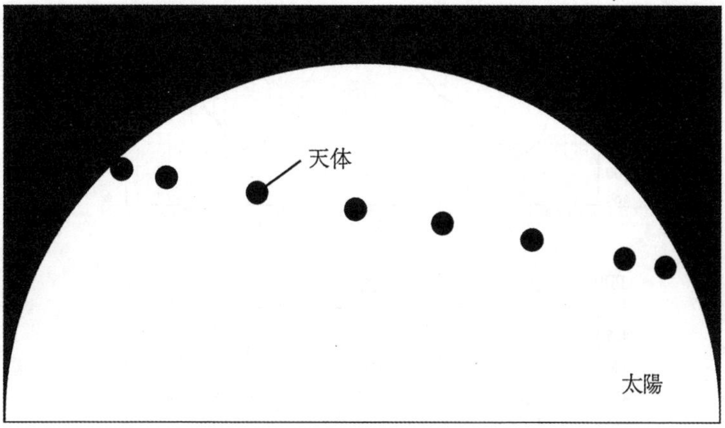

図２

ア　月　　　イ　水星　　　ウ　火星　　　エ　金星

問5　日本において 1 kWh の電気を発電する際に排出される二酸化炭素量を平均すると 450 g 程度である。また，1 ha の杉林が吸収する二酸化炭素の量は，一年間を通じて平均すると，一日当たり約 25 kg である。ある家庭の一年間の電気使用量が 5500 kWh のとき，この家庭が一年間で排出する二酸化炭素を一年かけて吸収するのに必要な杉林は何 ha か。最も適当なものを以下のアからカの中から選べ。

ア　0.03 ha　　イ　0.06 ha　　ウ　0.1 ha　　エ　0.3 ha　　オ　0.6 ha　　カ　0.9 ha

問6　乾いた空のペットボトルを，酸素，二酸化炭素，アンモニアのいずれかの気体でそれぞれ満たした。ゴム管をつないだ注射器に 50 mL の水を入れ，クリップで閉じて，ペットボトルにつないだ。次にクリップをはずし，水をペットボトルに入れて振り混ぜたところ，それぞれのペットボトルは下図のアからウのように変形した。二酸化炭素で満たされていたペットボトルとして最も適当なものを以下のアからウの中から選べ。

ア　　　　イ　　　　ウ

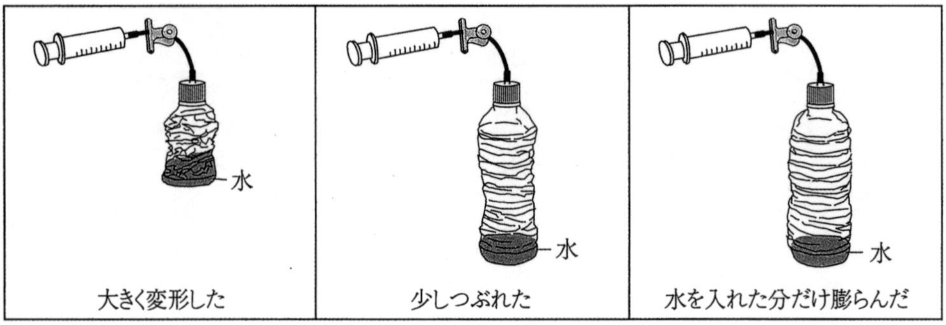

問1　Table 1の（ A ），（ B ），（ C ）に対応する国の組み合わせとして正しいものを，ア～エの中から一つ選びなさい。

	ア	イ	ウ	エ
（ A ）	U.S.A.	U.S.A.	Italy	Canada
（ B ）	Canada	Italy	U.S.A.	U.S.A.
（ C ）	Italy	Canada	Canada	Italy

問2　本文と表から考えて，次の（1）と（2）の英文の（　　）に入る適切なものを，ア～エの中からそれぞれ一つずつ選びなさい。

（1）The value in（D）is（　　　）.

ア　1,594　　イ　1,601　　ウ　1,609　　エ　1,615

（2）The value of the average annual working hours among OECD countries was（　　　）.

ア　1,694　　イ　1,716　　ウ　1,730　　エ　1,746

B　次の英文は，2010年から2021年までの日本の有給休暇取得率（percentage of employees taking paid leave）について調べたJohnとKateの会話です。英文を読み，後の問題に答えなさい。

John: What were the results of the survey on paid leave?

Kate: According to the results, 56 percent of people took paid leave in 2010, but the value was 17 points lower in 2013. In the case of 2016, the value recovered. The value was the same in 2016 and 2019. The value of 2021 was ten points higher than that in 2019.

John: I can't see much change in the results over the years. Why don't many people take paid leave?

Kate: The survey says that they can't take paid leave because there is not enough staff.

John: That's interesting. I think I'll write my report about the results of this survey. When do we have to finish it?

Kate: By next Friday.

John: Then, can you check the manuscript next Tuesday?

Kate: Do you mean September 19? O.K.

（注）paid leave 有給休暇　　　manuscript 原稿

問１　Kateの説明と一致する折れ線グラフをア～エの中から一つ選びなさい。

ア

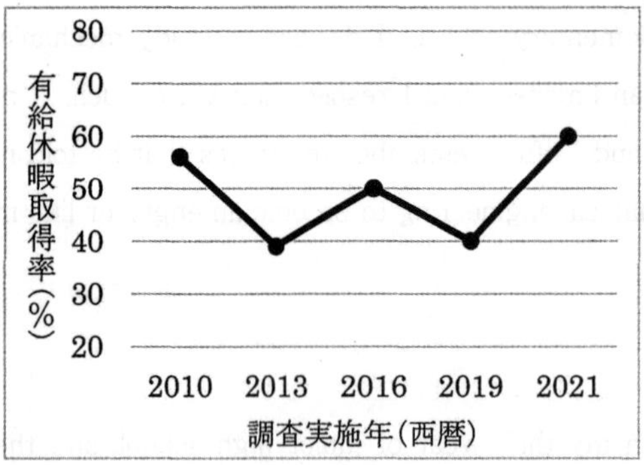

イ

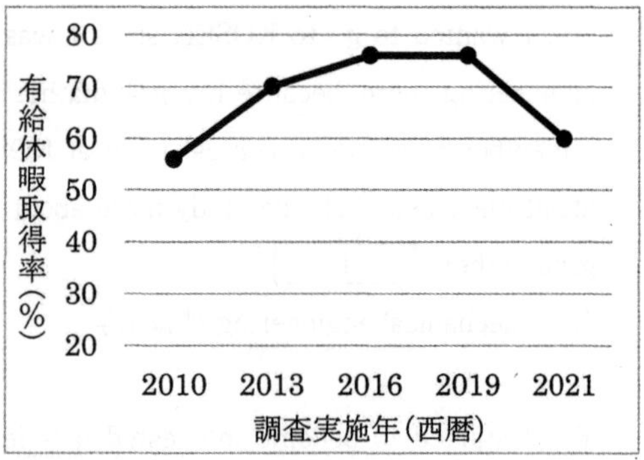

ウ

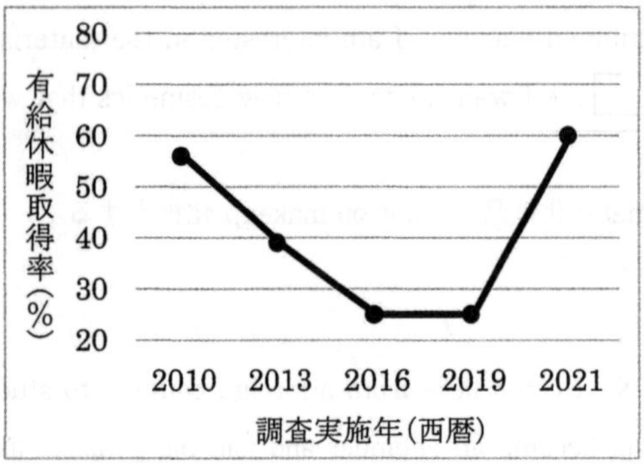

エ

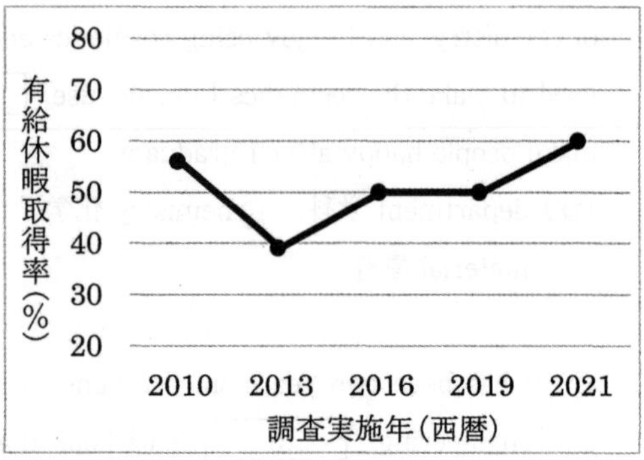

問２　報告書の提出締切日をア～エの中から一つ選びなさい。

ア　September 20　　イ　September 21　　ウ　September 22　　エ　September 23

6 高等専門学校（高専 KOSEN）に所属する学生および卒業生が自分自身について語った次の各英文を読み，後の問題に答えなさい。なお，これらの人物が実在するとは限りません。

A : I wanted to go to KOSEN since I was in elementary school. I decided to study mechanical engineering there, because my grandfather was an engineer and I respect him very much. I am a member of the robot contest team at KOSEN, and I often remember the things that he told me about machines. I should study more about mechanical engineering to become an engineer like my grandfather. [1].

（注）mechanical engineering 機械工学

B : I started to become interested in science in my third year of junior high school, and then studied very hard to enter KOSEN. Now I'm a fourth-year student at KOSEN in the department of chemistry, and I enjoy using cosmetics and putting on makeup. I am interested in the materials used to make the cosmetics I usually use. [2], so I want to develop new cosmetics that will make people happy after I graduate.

（注）department 学科　chemistry 化学　cosmetic 化粧品　put on makeup 化粧をする
material 原料

C : It has been two years since I came to KOSEN. I came here from a foreign country to study civil engineering. [3], so I hope that I will become an engineer and join big projects like building highways and railways in my country. At KOSEN, I live in a dormitory with a lot of students who are now good friends of mine. They teach me about Japanese culture and help me practice speaking Japanese because I usually speak English in my country. I love Japan!

（注）civil engineering 土木工学　highway 主要道路　railway 鉄道　dormitory 寮

D : I graduated from KOSEN about 20 years ago, but [4]. Though I felt sad because I had to stop my job, now I'm happy that my daughter is enjoying her life at KOSEN. She participated in the Presentation Contest held in winter in Tokyo. These days, there are many female students at KOSEN, and female engineers are becoming more common. I am glad that she will have the same chances that male workers have now. I wish her happy life.

（注）participate in 参加する　female 女性の　male 男性の

問1　本文中の空所 [1] に入る最も適したものを次のア～ウの中から一つ選びなさい。

ア　Everything that I study at KOSEN will make my life better in the future

イ　It is not so important for me to become an engineer

ウ　I want to fly in the sky without using any machines

問2　本文中の空所 [2] に入る最も適したものを次のア～ウの中から一つ選びなさい。

ア　I don't want to understand the importance of the materials

イ　I haven't used any cosmetics since I was in junior high school

ウ　I believe many people want to use good products

問3　本文中の空所 [3] に入る最も適したものを次のア～ウの中から一つ選びなさい。

ア　I will never go back to my home country

イ　We can't move between our cities easily in my country

ウ　I'm not interested in studying and working at all

問4　本文中の空所 [4] に入る最も適したものを次のア～ウの中から一つ選びなさい。

ア　I have kept working as an engineer at this company since then

イ　I had to leave my company when my first child was born

ウ　all my children started working after they graduated from junior high school

問5　AさんからDさんの4人の発言の中で触れられていない情報（4人の発言と異なるもの）を次のア～ウの中から一つ選びなさい。

ア　As an engineer, one of the speakers' grandfathers talked about machines.

イ　One of the speakers wants to study new cosmetics in the future.

ウ　One of the speakers visited the dormitory during the winter vacation.

問6　AさんとBさんは毎年1月の第4週末に東京で開催される英語でのプレゼンテーションコンテストに出場し，その際Cさんが英語の指導をしてくれました。AさんからCさんの3人でない人物の発言を次のア～ウの中から一つ選びなさい。

ア　I once was a KOSEN student, but the Presentation Contest was not yet held then.

イ　I was very glad to teach my friends how to speak English well.

ウ　Putting on makeup made me feel better at the Presentation Contest because I usually enjoy using cosmetics.

問7　Dさんの発言として正しいものを次のア～ウの中から一つ選びなさい。なお，問6で説明されているプレゼンテーションコンテストに関する内容も前提にすること。

ア　My daughter joined the Presentation Contest held in winter in Tokyo.

イ　I was surprised at my daughter's presentation at the Presentation Contest held this February.

ウ　I'm very good at English presentations because I've been working abroad as an engineer for about 20 years.

(3)　円Oの半径は $\dfrac{\boxed{\text{カ}}\sqrt{\boxed{\text{キク}}}}{\boxed{\text{ケ}}}$ である。

(4)　図3のように，図1において点Bを通り直線ACに平行な直線を引き，円Oとの交点をFとする。また，点Fから辺ACに垂線を引き，ACとの交点をGとする。

図3

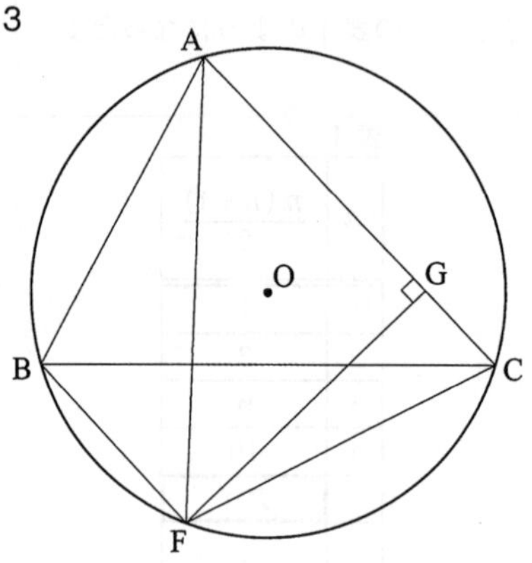

このとき，△AFCの面積は $\boxed{\text{コ}}$ であり，AG = $\dfrac{\boxed{\text{サシ}}}{\boxed{\text{ス}}}$ である。

4　次の会話文における空欄 $\boxed{\text{アイ}}$ ～ $\boxed{\text{ス}}$ にあてはまる数を求めなさい。ただし，$\boxed{\text{アイ}}$ のように細字で示された空欄には，前に太字で $\boxed{\text{アイ}}$ のように示された空欄と同一の数が入る。

(1)　はじめさんとふみこさんが会話をしている。

はじめ：$1 \times 2 = 2$，$2 \times 3 = 6$，$3 \times 4 = 12$ のように，連続する 2 個の自然数の積は必ず偶数だね。

ふみこ：連続する 2 個の自然数の積は，文字を使って $n \times (n+1)$ と書けるね。n にはいろいろな自然数の可能性があるけど，n か $n+1$ のどちらかは必ず偶数なんだね。

はじめ：だから積 $n(n+1)$ は偶数になるんだ！

ふみこ：$\dfrac{n(n+1)}{2}$ はどんな自然数になるのかな？

はじめ：実際に調べてみると，下の表 1 のようになったよ。

表 1

n	$\dfrac{n(n+1)}{2}$
1	1
2	3
3	6
4	10
5	$\boxed{\text{アイ}}$
⋮	⋮

ふみこ：例えば $n = 5$ のときは $\dfrac{n(n+1)}{2} = \boxed{\text{アイ}}$ だね。

(2) ふみこさんとみつおさんが会話をしている。

ふみこ：連続する 3 個の自然数 n，$n+1$，$n+2$ があったら，どれか 1 つは 3 の倍数だね。だから積 $n(n+1)(n+2)$ は必ず 3 の倍数なんだね。

みつお：$\dfrac{n(n+1)(n+2)}{3}$ はどんな自然数になるのかな？ 実際に調べてみると，下の**表2**のようになったよ。

表2

n	$\dfrac{n(n+1)(n+2)}{3}$
1	2
2	8
3	20
4	40
5	ウエ
⋮	⋮

ふみこ：例えば $n=5$ のときは $\dfrac{n(n+1)(n+2)}{3}=$ ウエ だね。

(3) $\dfrac{n(n+1)}{2}$ や $\dfrac{n(n+1)(n+2)}{3}$ の規則性に興味をもったふみこさんは，お姉さんのけいこさんに聞いてみることにした。けいこさんは高専生で，数学が得意である。

けいこ：はじめさんとみつおさんの表から下の**表３**を作ってみたらどうかな。

表３

n	$\dfrac{n(n+1)}{2}$	$n(n+1)$	$\dfrac{n(n+1)(n+2)}{3}$
1	1	2	2
2	3	6	8
3	6	12	20
4	10	20	40
5	アイ	**オカ**	ウエ
⋮	⋮	⋮	⋮
(1列目)	(2列目)	(3列目)	(4列目)

$n(n+1)$ も考えるのがポイントだよ。$n=5$ のときは $n(n+1)=$ **[オカ]** だね。
表３の中には $\begin{array}{|c|c|}\hline * & b \\ \hline a & a+b \\ \hline\end{array}$ というパターンがたくさん出てくるね。

ふみこ：1列目と2列目を見てみると･･･ $\begin{array}{|c|c|}\hline * & 1 \\ \hline 2 & 3 \\ \hline\end{array}$ や $\begin{array}{|c|c|}\hline * & 3 \\ \hline 3 & 6 \\ \hline\end{array}$ や $\begin{array}{|c|c|}\hline * & 6 \\ \hline 4 & 10 \\ \hline\end{array}$ というパターンがあるね。
あっ，[アイ] というのは **[キ]** $+10$ と同じだね！
もしかして，[アイ] のすぐ下の欄は **[ク]** $+$ [アイ] かな？

けいこ：そうだね。例えば [アイ] について，ふみこさんが気づいた等式
[アイ] $=$ [キ] $+10$，$10=4+6$，$6=3+3$，$3=2+1$
を組み合わせると，どんなことがわかるかな？
[アイ] というのは1から **[ケ]** までの自然数の合計になるんだよ。
例えば，表にはないけど1から7までの自然数の合計なら･･･

ふみこ：つまり $1+2+3+4+5+6+7$ でしょ？ このまま足し算すれば28とわかるね。

けいこ：その28とは，$\dfrac{n(n+1)}{2}$ において $n=$ **[コ]** を代入した値でしょ？

ふみこ：なるほど！ 文字式 $\dfrac{n(n+1)}{2}$ を使うといちいち足し算しなくとも合計が求められるね！

けいこ：表の3列目と4列目を見ると，連続する2個の自然数の積の合計がわかるね。

ふみこ：例えば $1 \times 2 + 2 \times 3 + 3 \times 4$ なら20だね･･･。あっ，これは $\dfrac{n(n+1)(n+2)}{3}$

において $n = 3$ を代入した値だね！

けいこ：表には書いていないけど

$$1 \times 2 + 2 \times 3 + 3 \times 4 + 4 \times 5 + 5 \times 6 + 6 \times 7 + 7 \times 8$$

という連続する2個の自然数の積の合計は，$\dfrac{n(n+1)(n+2)}{3}$ において

$n =$ [サ] を代入した値だよ。

ふみこ：連続する2個の自然数の積の合計を求めるときに，連続する3個の自然数の積を3で割った値が使えるなんて，おもしろいね。

けいこ：連続する k 個の自然数の積の合計を求めるときにも，連続する $k+1$ 個の自然数の積を $k+1$ で割った値が使えるよ。

まあ，一般的な k 個の話なんてまだ難しいかもしれないけどね。

ふみこ：う～ん･･･チンプンカンプンだけど，いつか理解できるようになってみたいな。

けいこ：実は表の4列目と2列目の差についても規則性があるよ。

ふみこさん，差

$$\frac{n(n+1)(n+2)}{3} - \frac{n(n+1)}{2}$$

を計算して

$$\frac{n(n+1)X}{6}$$

という形に整理してみて。X はどんな式になるかな？

ふみこ：え～っ！？難しい･･･

けいこ：正解は $X =$ [シ] $n +$ [ス] だよ。

この数式や4列目と2列目の差の規則性には，高専に入ったら再会するよ。

勉強がんばってね！

令和６年度入学者選抜学力検査本試験問題

数　　　学　(50分)

(配　点)	1　40点	2　20点	3　20点	4　20点

(注 意 事 項)

＃教英出版注：編集の都合上、計算用紙を減らして10ページにしております。

1　問題冊子は指示があるまで開かないこと。

2　問題冊子は１ページから12ページ＃まである。検査開始の合図のあとで確かめること。

3　検査中に問題冊子の印刷不鮮明，ページの落丁・乱丁及び解答用紙の汚れ等に気づいた場合は，静かに手を高く挙げて監督者に知らせること。

4　解答用紙に氏名と受験番号を記入し，受験番号と一致したマーク部分を塗りつぶすこと。

5　解答には，必ずＨＢの**黒鉛筆**を使用すること。なお，解答用紙に必要事項が正しく記入されていない場合，または解答用紙に記載してある「マーク部分塗りつぶしの見本」のとおりにマーク部分が塗りつぶされていない場合は，解答が無効になることがある。

6　一つの解答欄に対して複数のマーク部分を塗りつぶしている場合，または指定された解答欄以外のマーク部分を塗りつぶしている場合は，有効な解答にはならない。

7　解答を訂正するときは，きれいに消して，消しくずを残さないこと。

8　定規，コンパス，ものさし，分度器及び計算機は用いないこと。

9　問題の文中の $\boxed{\text{アイ}}$ ，$\boxed{\text{ウ}}$ などには，特に指示がないかぎり，負の符号（－）または数字（0～9）が入り，ア，イ，ウの一つ一つは，これらのいずれか一つに対応する。それらを解答用紙のア，イ，ウで示された解答欄に，マーク部分を塗りつぶして解答すること。

例　$\boxed{\text{アイウ}}$ に－83と解答するとき

(1)	ア	●	⓪	①	②	③	④	⑤	⑥	⑦	⑧	⑨
	イ	⊖	⓪	①	②	③	④	⑤	⑥	⑦	●	⑨
	ウ	⊖	⓪	①	②	●	④	⑤	⑥	⑦	⑧	⑨

10　解答は解答欄の形で解答すること。例えば，解答が $\frac{2}{5}$ のとき，解答欄が $\boxed{\text{エ}}.\boxed{\text{オ}}$ ならば0.4として解答すること。

11　分数の形の解答は，それ以上約分できない形で解答すること。例えば，$\frac{2}{3}$ を $\frac{4}{6}$ と解答しても正解にはならない。また，解答に負の符号がつく場合は，負の符号は，分子につけ，分母にはつけないこと。例えば，$\dfrac{\boxed{\text{カキ}}}{\boxed{\text{ク}}}$ に $-\frac{3}{4}$ と解答したいときは，$\frac{-3}{4}$ として解答すること。

12　根号を含む形で解答する場合，根号の中に現れる自然数が最小となる形で解答すること。例えば，$4\sqrt{2}$ を $2\sqrt{8}$ と解答しても正解にはならない。

ア　だが　**イ**　すると　**ウ**　例えば　**エ**　つまり

問2　本文中の、(a)機微、(b)担保 の意味として適当なものを、それぞれ次の**ア**から**エ**までの中から一つ選べ。

(a)　**ア**　内部でひそかに進行する事態や状況。　**イ**　表面からはわかりにくい趣や事情。

　　ウ　状況に応じて変化する感覚や感受性。　**エ**　好意と反感の間で抱く葛藤や苦悩。

(b)　**ア**　負担となるもの　**イ**　保存するもの　**ウ**　保証となるもの　**エ**　促進するもの

問3　本文中に、(1)夏目漱石が「I love you」を「月がきれいですね」と和訳したという逸話があります。とあるが、語り手はこの逸話を紹介することでどんなことを説明しようとしているか。最も適当なものを、次の**ア**から**エ**までの中から一つ選べ。

ア　ことばの周辺にある意味を理解することは、ＡＩにはもちろん普通の人にとっても決して容易ではないということ。

イ　比喩表現や抽象的な言語表現で表された意味を読み取ることは、人間には可能だがＡＩには極めて困難だということ。

ウ　月を恋人に見立てるなどの比喩を一つ一つ教えれば、ことばの周辺にある意味をＡＩに学ばせることが可能だということ。

エ　漱石の逸話のような例を背景知識として知らなければ、比喩表現や抽象的な言語表現を読み取ることはできないということ。

問4　本文中の、(2)情報のエンコード（符号化）とデコード（復元）という問題に関わってきますね。という一文は、この対話の中でどんな働きをしているか。その説明として最も適当なものを、次の**ア**から**エ**までの中から一つ選べ。

ア　相手の意見に同意しながらも、異分野の専門用語を用いた新たな問題を提示し、質の異なる二つの議論を並行して進めようとしている。

イ　それまでの話題を総括しながらも、新たな学術用語を用いて話題を転換し、それまでと全く違う内容の議論を新たに始めようとしている。

ウ　斬新な意見を提示しながらも、その時点での互いの意見を改めて確認することによって、議論全体の最終的な結論をまとめようとしている。

エ　前の話題を受け継ぎながらも、異分野の専門用語を用いることで新たな角度からその問題にアプローチし、議論を発展させようとしている。

問5　本文中の、(3)音源データのＭＰ３や画像データのＪＰＥＧ の性質を、語り手はどうとらえているか。その説明として最も適当なものを、次の**ア**から**エ**までの中から一つ選べ。

ア　データを圧縮した側と解凍する側が異なるため、再生する際に情報の変質が起きて、それがかえって創造的な結果をもたらすことがある。

イ　実際は元のデータと異なるものが再生されているが、おおむね正しい上に利便性が高まるので、むしろより有益な伝達形式だと言ってよい。

ウ　元のデータをそのまま完全に再生することはできないため、個々人の解釈によって、受け取る情報の精度が変わってしまう危険性がある。

エ　厳密には元のデータと異なるものが再生されるが、人間の感覚ではその違いが区別できないので、情報を正しく伝える形式と見なしてよい。

問6　本文中の、(4)蕪村の最初の意図と、朔太郎の読み　の説明として最も適当なものを、次の**ア**から**エ**までの中から一つ選べ。

ア　蕪村は垣根の外の白梅にそれを植えた人の存在を感じ、朔太郎は白梅の植えられた垣根の外に詠み手の恋人がいると解釈しているが、両者ともに人の存在と懐かしさを感じているという点で共通している。

イ　蕪村は垣根の外の白梅にそれを植えた誰かの存在を感じたが、朔太郎は垣根の外の白梅を少年時代・青年時代の思い出をたどるきっかけと見ており、両者にとって白梅の持つ意味は大きく異なっている。

ウ　蕪村は垣根の外の白梅に親しかった人々の息づかいを感じ、朔太郎も白梅に詠み手のかつての恋人の姿を見ており、両者ともに故郷への郷愁と懐かしい人々への思いを抱いているという点では同様である。

エ　蕪村は垣根と白梅からかつてそこにいた人々に思いを巡らせたが、朔太郎は白梅を少年期から今に至るまでの詠み手の感情の象徴と考えており、他者への関心という点で両者は相反する解釈をしている。

問7　本文中に、(5)俳句やことばは「アナログ」的と思われているかもしれませんが、けっしてアナログではありません。とあるが、どういうことか。その説明として最も適当なものを、次の**ア**から**エ**までの中から一つ選べ。

ア　俳句やことばの意味は曖昧なのでアナログ的だと思われがちだが、細部に違いはあっても基本情報が誤って伝わることは少ない。

イ　俳句やことばによる表現には古さが伴うのでアナログ的だと思われがちだが、現代社会でも有益な表現形式となる可能性は高い。

ウ　俳句やことばは解釈に幅があるのでアナログ的だと思われがちだが、それは解釈上の問題であって、元の情報が変化することはない。

エ　俳句やことばには誤解が生じるのでアナログ的だと思われがちだが、それは互いの知識が異なるためで、対話する上では支障がない。

問8　本文中に、Aデコード時に齟齬が発生したような一例　とあるが、これを文章【Ⅱ】で述べられている内容に当てはめる場合、「デコード時に齟齬が発生したような一例」に**該当しないもの**はどれか。破線部**a**から**d**までの中から一つ選べ。

a　蕪村の句の根幹に「郷愁」「母性思慕」を読み取り、その抒情性が強調されている。

b　この句に恋の主題を認めた

c　「誰むかしより」とぼかしたことのムードを評価する

d　一句に物語性を与え、より親しみやすい句になった

問9　文章【Ⅰ】と【Ⅱ】は、ともに蕪村の「しら梅や」の句に対する萩原朔太郎の解釈は「誤読」だと述べているが、そのように判断する根拠については、【Ⅰ】と【Ⅱ】で少し違いがある。その違いについて述べた次の説明文の□に当てはまる表現として最も適当なものを、**ア**

からエまでの中から一つ選べ。

〈説明文〉文章【Ⅱ】（髙柳克弘の『究極の俳句』）では従来の一般的な解釈をもとに朔太郎の解釈を誤読としているが、文章【Ⅰ】の対談では、

これに加えて、[　　　　]ことを根拠として誤読としている。

ア　人の息づかいや香りを感じるという点では情報を共有できている

イ　西欧から「愛」の概念が入ってくる以前に詠まれた句である

ウ　エンコードからデコードという一連の流れに齟齬がない

エ　俳句は一万回書き写しても、書き損じがなければ情報が劣化しない

3

次の文章を読んで、後の問いに答えよ。

シングルマザーとして二歳の果穂《かほ》を育てている「わたし」は、電車内で知り合った宮下《みやした》さんが働く国立自然史博物館を訪れ、クジラの研究者網野《あみの》先生のトークイベントに参加した。その際、生物画を描く仕事をしている宮下さんに頼まれ、果穂とともに「人間の親子」の絵のモデルを引き受けた。後日、宮下さんに誘われて「わたし」と果穂は砂浜に埋められたクジラの骨の掘り出し作業を見学に来ている。

宮下さんが護岸の斜面に腰を下ろした。リュックからスケッチブックを取り出すと、開いて膝にのせる。頭の骨をスケッチするらしい。わたしは果穂と一緒に隣りに座った。

宮下さんはしばらく骨をじっと見た。初めて見るような真剣な表情。わたしたちを描いてくれたときとは違う。これも生物画の一種だからだろうか。

鉛筆を軽く握り、ひと息に美しい曲線を引く。たぶん、上顎の部分だ。一瞬のリズムで描くと言っていた意味が、わかった気がした。

宮下さんが、視線を骨に戻す。一本線を足す。そしてまた、骨を見つめる。

単にその形を目に焼き付けているだけではないと思った。よりリアルに再現したいというだけでもないだろう。

宮下さんはきっと、骨そのものではなく、それを超えて広がる自然と(注1)対峙《たいじ》している。

一つ一つの曲線に自然が込めた意味を、漏らすことなく写し取ろうとしているのだ。進化によってその形が生まれるまでの悠久の時を、鉛筆の先で刻もうとしているのだ。

わたしは、博物館で初めて宮下さんの絵を目にしたときのことを思い出していた。あのクジラたちを見て、(1)これこそ博物館にふさわしい絵だと感じた理由が、今やっとわかった。

作業の人たちのお昼休憩に合わせて、わたしたちも宮下さんと一緒にお弁当を食べた。

掘り出し現場から百メートルほど離れたところに、テーブルとベンチが置かれた(注2)東屋《あずまや》があったので、そこに陣取っている。護岸の上で見晴らしがいい。小さなおにぎりを二つと卵焼きを一切れ食べたところで、果穂が「ねんねする。」と言い出した。初めてだらけの半日を過ごし、疲れてしまったのだろう。ベビーカーに乗せて背もたれを倒してやると、すぐに眠ってしまった。

食事を終え、隣りで水筒のお茶を飲んでいる宮下さんに、訊《たず》ねてみる。

「宮下さんはやっぱり、クジラを何度もご覧になってるんですか。生きて泳いでるところを。」

「何度もはないわよ。小笠原でマッコウクジラを一回、沖縄でザトウクジラを一回、かな。」

「へえ、ザトウクジラも。じゃあ、歌も聴いたんですか。潜ったりして。」

宮下さんは、「まさか。」と笑って(a)かぶりを振る。

「わたし、カナヅチなのよ。ダイビングなんて、とてもとても。あ——」掘り出し現場のほうにあごを突き出した。「何回も歌を聴いてる人が来たわよ。」

見れば、缶コーヒーを手にした網野先生だ。東屋まで来るとまずベビーカーをのぞき、「かわいいモデルさんはお昼寝か。」と言いながら、宮下さんの横に座った。

「何？　私の話？」先生が訊《き》く。

「ザトウクジラの歌の話ですよ。先生は直《じか》に何回も聴いてるって。ダイビングをして調査もなさるから。」

「録音されたものはイベントで聴かせていただきましたけど——」わたしが付け加える。「実際はどんなふうに聞こえるのかなと思って。」

「聞こえるというかね。」先生はひげを撫《な》でた。「音に包まれるっていうのかな。間近で潜ってると、全身に響いてくるんですよ。」

それから先生は、自身の経験談をいくつか披露してくれた。どれもわたしの息苦しい日常とはかけ離れた、別世界のような遠い海での話だった。その最後に、わたしは訊いた。

「クジラの歌を何度も聴いているうちに、彼らがどんなことを歌っているのか、感じるようになったりはしないんでしょうか。」

「なれたらいいですねえ。私はまだ修行が足りんようですが。」眉尻を下げた先生が、「そういえば。」とこちらに顔を向ける。

「こないだのトークイベントで、私、クイズを出したでしょ。ザトウクジラの声はどのぐらい先まで届くか、と。あのとき、『宇宙まで！』と答えた男の子がいたの、覚えてます？」

「ああ、いましたね。」

「実はあれ、いいとこ突いてるんですよ。ＮＡＳＡが一九七〇年代に打ち上げた惑星探査機に、『ボイジャー』というのがありましてね。ミッションはもうとっくに終えて、太陽系の外に出て行きました。この先はずっと、あてもなく宇宙をさまようわけなんですが。」

「はあ。」意識を宇宙に飛ばすのが得意なわたしにも、かなり急な話の展開だった。

「ボイジャーは、『ゴールデン・レコード』ってのを積んでることでも有名でしてね。世界中の言葉や音楽、自然の音なんかが録音されたレコードなんですが、その中に、ザトウクジラの歌も入ってるんですよ。」

「へえ、それはわたしも初耳。」宮下さんが目を瞬《またた》かせる。

「でも、なんでそんなものを探査機に――」わたしは、まさかと思いながら言った。

「もちろん、ボイジャーがいつか異星人と遭遇したときのためです。レコードを聴いてもらって、地球はこんなところですよ、とね。」

「やっぱり、ほんとにそうなんですね。」頭がいいのか無邪気なだけか、研究者という人種はよくわからない。

「ですからね。」先生はにやりとした。「その異星人が我々より高度な文明を持っていたり、我々とはまったく違った知性や思考パターンを持っていたりすれば、クジラの歌も読み解いてくれるかもしれませんよ。」

「(2)夢のある話、というか、夢みたいな話ねえ。」宮下さんが言う。

笑って缶コーヒーを飲み干した先生に、わたしは訊いた。

「わたし、あれからよく考えるんです。クジラやイルカの知性とか、頭の中について。先生は本当のところ、どう思ってらっしゃるんですか。」

「そうですねえ。」先生は腕組みをした。「こないだお話ししたように、わからない、わかりようがない、というのが研究者としての答えです。ですが、(3)ただのクジラ好きのオヤジとしてなら、なるほどなと思う考え方はあります。クジラやイルカを長年追い続けた、ある動物写真家が言ってることなんですがね。」

先生は、正面に広がる海に視線を向け、続ける。

「この地球で進化してきた悟性《ごせい》(注3)や意識には、二つの高い山がある。〝ヒト山〟と〝クジラ山〟です。ヒト山ってのはもちろん、人間を頂点とする陸の世界の山。クジラ山は、クジラやイルカが形作る、海の世界の山です。どんな山か、その高ささえわかりません。でもたぶん、その頂上には、ヒト山とはまったく違う景色が広がっている。」

「まったく違う、景色――」わたしも海を見つめてつぶやいた。

「人間は、五感を駆使してインプットした情報を発達した脳で統合して、即座にアウトプットする。言葉や文字、道具、技術を使って、外の世界に働きかける。ヒトが発達させてきたのは、言わば、外向きの知性です。
一方、光に乏しい海で生きるクジラたちは、おもに音で世界を構築し、理解している可能性がある。文字や技術を持たないので、外に向かって何かを生み出すこともほとんどありません。だったら彼らはその立派な脳を、膨大な数のニューロン(注4)を、いったい何に使っているのか。もしかしたら彼らは、我々とは違って、もっと内向きの知性や精神世界を発達させているのかもしれない――ということなんです。私なりの言葉で言うと、クジラたちは、我々人間よりもずっと長く、深く、考えごとをしている。」

クジラの、考えごと――。

わたしの意識は、海へと潜っていった。暗く、冷たく、静かな深い海に。

だがもうわたしは、プランクトンではない。この身長一五六センチの体のまま、その十倍はあるザトウクジラと並んで潜っている。

その姿を見てすぐにわかった。これは、さっき骨として掘り出されたあのクジラだ。わたしと一緒に海に還《かえ》って、また泳ぎ出したのだ。

突然、全身が震えた。低く太い音が体の奥までしみ込んでくる。横でクジラが歌い始めたのだ。わたしもそれを真似てみるが、何を歌っているのかはまるでわからない。

クジラの頭のところまで泳ぎ、その目をのぞき込んでみる。

感情の読めない澄んだ瞳は、わたしのことなど視界に入っていないかのように、微動だにしない。確かに、考えごとに集中しているようにも見える。

どんなことを考えているか想像しようとするのだが、何も浮かばない。人の頭の中をいつも妄想しているわたしなのに、まるで見当がつかない。

息が苦しくなってきた。クジラから離れ、海面に上がっていく。光が見え、空が見えた。

胸いっぱい空気を吸い込みながら、ああ、と思う。

わたしは、わたしたちは、何も知らない。

クジラは、わたしたちには思いもよらないようなことを、海の中で一人静かに考え続けているのだ。

そして、もしかしたら、すでにその片鱗《へんりん》を知っているのかもしれない。

生命について。神について。宇宙について。

(4)わたしは、何だかとてもうれしくなった――。

「さて、私はそろそろ。」

網野先生の声で、(b)我に返った。

現場に戻る先生を、宮下さんと見送った。作業はあと二、三時間で終わるそうだ。

果穂はまだ眠っていた。風が強くなってきたので、薄手のブランケットを掛けてやる。

「この子、さっき言ってました。」わたしは宮下さんに言った。「いつか、生きてるクジラに会いに行きたいって。一緒に泳ぐそうです。」

「そう。」宮下さんは優しく微笑《ほほえ》む。「そんなこと、きっと簡単に叶えちゃうわよ。わたしもお付き合いしたいわ。水泳教室に通おうかしら。」

「じゃあ、わたしも。」頰が緩んだ。「実はわたしも、泳げないんです。」

手をのばし、風で乱れた果穂の前髪を分けてやる。

(5)この子には、世界をありのままに見つめる人間に育ってほしい。わたしのように、虚《むな》しい空想に逃げたりせずに。

そうしたらきっと、宮下さんのように、何かを見つけるだろう。そしていつか、必ず何かが実るだろう。

わたしは――。

顔を上げて海に向け、ぼやけた水平線のまだ先を望む。何が見えるというわけではない。それでも、(6)還る海をさがすことは、もうないだろう。

いつの間にか、波の音がここまで響いてくるようになっていた。

心地よく繰り返されるその音の向こうに、ザトウクジラの歌声をさがした。

（伊与《いよ》原新《はらしん》「海へ還る日」『八月の銀の雪』所収　新潮社刊　による）

（注1）対峙＝向き合って立つこと。　（注2）東屋＝庭園や公園内に休憩、眺望のために設けられる小さな建物。

（注3）悟性＝物事を判断・理解する思考力。　（注4）ニューロン＝神経細胞。

問1　本文中の、(a)かぶりを振る、(b)我に返った　について、ここでの意味として最も適当なものを、それぞれ次の**ア**から**エ**までの中から一つ選べ。

(a)　**ア**　両肩を上下に振っておどけてみせる　**イ**　頭を左右に振って否定する
　ウ　手を左右に振って慌てたそぶりをする　**エ**　帽子を上下に振って合図する

(b)　**ア**　普段の意識に戻った　**イ**　初心を思い出した　**ウ**　息を吹き返した　**エ**　自我に目覚めた

問2　本文中に、(1)これこそ博物館にふさわしい絵だと感じた理由　とあるが、宮下さんの絵を博物館にふさわしいと感じた理由とはどんなことか。その説明として最も適当なものを、次の**ア**から**エ**までの中から一つ選べ。

ア　対象をじっくりと観察し、細かな部分も見逃さないで正確に写し取ろうとする宮下さんの真剣な態度から、博物館で展示される生物の絵を描く専門家としてのプライドを強く感じられたこと。

イ　とても難しいクジラの骨の絵を淡々と描く宮下さんの仕事ぶりを見て、発掘の現場をリアルに再現している博物館の絵に、世界中の注目を集めるほど、学術的な価値があると確信できたこと。

ウ　一瞬のリズムで美しい曲線を引く宮下さんのスケッチには圧倒的な技術の高さが表れていて、博物館に展示されていた絵にも、多くの人の鑑賞にたえうる芸術性がはっきりと見て取れたこと。

エ　単に生物の形を正確に写し取るだけではなく、生物が自然の中でその形態にたどり着くまでの時間さえも、宮下さんはその絵で表現しようとしており、それが博物館の絵にも表れていたこと。

問3　本文中に、(2)夢のある話、というか、夢みたいな話ねえ。とあるが、宮下さんがこう言ったのはなぜか。その理由として最も適当なものを、次の**ア**から**エ**までの中から一つ選べ。

ア　とても実現するはずのない下らない話ではあるものの、想像だけなら楽しいだろうと感じたから。

イ　よく知られた有名な話ではあるものの、現実にあるとは信じ難い内容に行き着いてしまったから。

ウ　現実にあったら面白い話ではあるものの、実現する可能性はそれほどなさそうに思われたから。

エ　子どもの視点では希望にあふれた話ではあるものの、大人の立場では興味を持てない話だから。

問4　本文中に、(3)ただのクジラ好きのオヤジとしてなら　とあるが、網野先生がこのようにことわったのはなぜか。その理由として最も適当なものを、次の**ア**から**エ**までの中から一つ選べ。

ア　自分はまだ研究者として勉強が足りておらず、クジラの考えていることを十分に研究し理解できているという自信がないから。

イ　クジラやイルカの知性については十分に解明できていないため、研究者としては明言できず、想像力を働かせるしかないから。

ウ　クジラの知性に関する科学的なデータは得られているものの、発掘調査の仕事が忙しく、まだ十分に研究を進めていないから。

エ　研究者のキャリアよりクジラ愛好家として過ごした時間の方が長く、その立場からなら自信を持って説明できると感じたから。

問5　本文中に、(4)わたしは、何だかとてもうれしくなった　とあるが、それはなぜか。その理由として最も適当なものを、次の**ア**から**エ**までの中から